编 委 会

HUAJIANWEILI HEXINYAN

化剑为犁贺新颜

国网宁夏电力有限公司 编

黄河出版传媒集团
阳光出版社

图书在版编目（CIP）数据

化剑为犁贺新颜 / 国网宁夏电力有限公司编. -- 银川：阳光出版社,2021.12
ISBN 978-7-5525-6222-4

Ⅰ.①化… Ⅱ.①国 Ⅲ.①电力工业－工业企业－先进工作者－先进事迹－宁夏 Ⅳ.①K826.16

中国版本图书馆 CIP 数据核字(2021)第 266598 号

化剑为犁贺新颜　　国网宁夏电力有限公司　编

责任编辑　申　佳
封面设计　姜喜荣
责任印制　岳建宁

黄河出版传媒集团
阳光出版社　出版发行

出 版 人　薛文斌
地　　址　宁夏银川市北京东路 139 号出版大厦（750001）
网　　址　http://www.ygchbs.com
网上书店　http://shop129132959.taobao.com
电子信箱　yangguangchubanshe@163.com
邮购电话　0951-5047283
经　　销　全国新华书店
印刷装订　宁夏凤鸣彩印广告有限公司
印刷委托书号　（宁）0022479

开　　本　720 mm × 980 mm　1/16
印　　张　8.25
字　　数　100 千字
版　　次　2021 年 12 月第 1 版
印　　次　2021 年 12 月第 1 次印刷
书　　号　ISBN 978-7-5525-6222-4
定　　价　88.00 元

序 言

PREFACE

习近平总书记指出，一个有希望的民族不能没有英雄。在革命战争年代，刘胡兰、董存瑞、邱少云、黄继光等一批革命烈士，还有无数的无名英雄，激励着共产党人奋勇前行。在建设和改革开放时代，焦裕禄、雷锋、孔繁森、谷文昌、黄文秀等先进人物，启迪着我们在奋斗中创造美好生活。一个“英雄”辈出、先进模范“星光璀璨”的企业，才是一个基业长青的企业。时传祥、徐虎、李素丽、张黎明既是国有企业员工爱岗敬业、无私奉献的鲜活例证，又是国有企业做强做优做大的精神动力。在国网宁夏电力有限公司发展壮大的过程中，涌现出一大批企业“英雄”，形成了企业文化“新高地”。

为了深入宣传企业“英雄”的先进事迹，弘扬企业精神，凝聚员工力量，国网宁夏电力有限公司以实施2020年“海豚+”高潜人才梯队建设策划项目为契机，培养选树近20名高端人才，深入挖掘他们的成长经历、先进事迹，形成企业教育培训精品教材《化剑为犁贺新颜》，为员工学先进、争优秀、比贡献、创佳绩提供可视化标杆，促进新员工快速了解国网宁夏电力有限公司，融入团队、心入文化、投入工作。

入选《化剑为犁贺新颜》的高端人才，既有三十而立的业务骨干，又有四十不惑的电网专家，更有五十知天命的行业领军人才；既有勇攀科技高峰的“电网创客”，又有在电网运检一线守护万家灯火的“老黄牛”；既有高空作业的“电力医生”，又有默默耕耘的“电网建设铺路石”；既有企业“英雄”朴实无华的个人自述，又有身边同事真情流露的深情描述；既有介绍国网宁夏电力有限公司发展史上重大工程、重点项目、重要事件的“工笔画”，又有蕴含个人点滴成长感悟的“写意画”。《化剑为犁贺新颜》全景式地记录企业“英雄”的成长历程，也是证明国网宁夏电力有限公司改革、创新、发展历程的“活化石”。

《化剑为犁贺新颜》既可以作为集中培训的教科书，又可以作为自主学习的“案头卷”，在学思践悟中提升思想境界、滋润精神家园。学，就是要带着感情、满怀敬意，与企业“英雄”进行文字对话、精神交流。思，就是要思考“我”和企业“英雄”相比，差距在哪里，“我”能从他们身上学到什么。践，就是要把学习思考成果转化为创先争优的行动。悟，就是要主动升华自己的境界，努力成为别人眼中的标杆。

江山代有才人出，各领风骚数百年。今天，企业“英雄”在认真为“新颜”们传授业务知识的同时，还分享他们的成长经历、人生感悟，促进“新颜”成才。明天，国网宁夏电力有限公司必将“遍地英雄下夕烟”，为加快建设具有中国特色国际领先的能源互联网企业作出积极贡献！

目 录

CONTENTS

陈　涛

立足岗位，全力践行初心使命

个人简介

陈涛，1986 年 7 月出生，2009 年 8 月参加工作，中共党员，工程师、高级技师，现任国网石嘴山供电公司二次检修中心综合技术室主管。从业以来，先后担任专业工作负责人、班组安全员、技术员、班组长及二次检修管理专责。

具有过硬的政治理论素质，认真学习，积极参与“不忘初心、牢记使命”主题教育，不断践行党的群众路线，善于观察和处理问题，大事面前能冷静，难事面前善思考，是非面前讲原则，在思想上、行动上与党组织保持高度一致。在工作中，识大体、顾大局，不计个人名利得失，始终保持干事创业、担当作为的积极心态，坚决服从组织安排，能够快速适应岗位要求，做到干一行、爱一行，钻一行、精一行。

自参加工作以来，扎根基层 12 年，立足岗位、勤学苦练，成长为国网石嘴山供电公司继电保护和电网调度自动化厂站端检修专业带头人。12 年间，在技术、业务、管理 3 个方面的工作历练中，培养了勤于思考、敢于创新、勇于实践、超越自我的工作作风。熟悉继电保护及自动化专业技术、检修计划、二次运维、安全生产管理、班组建设与管理、多部门工作协调流程、基层绩效管理、技能等级评价等具体内容。对重点工作，能够及时提出切实可行的决策、方案，善于抓住关键环节，合理分析可能存在的安全风险，讲究方式方法，具有较强的组织协调能力，团结各方面力量，共同完成工作。处理问题时，沉着冷静，表现出较强的原则性和能动性，敢抓敢管，敢于批评与自我批评，能够高效地完成组织安排的各项任务，并结合工作实际，适时开展调研，为领导决策、团队执行提供服务。

为人谦虚真诚，处事公道正派，工作作风沉稳干练，待人诚恳、友善，尊敬领导，团结同事，能够较好地处理与领导、同事的关系。勇于担当作为，遇事不推诿，迎难而上，性格开朗，作风民主，富有朝气，善于营造积极进取的氛围，推动工作顺利开展。总之，是一名知识结构合理，一专多能，既有技术又懂业务，具备基层管理经验的复合型人才。

陈涛从事继电保护和电网调度自动化运维检修工作 6 年、班组长工作 2 年、二次检修管理专责工作 2 年、综合技术室主管 1 年。在不同的工作岗位上表现突出，多次获得省（市）及以上级别公司的表彰。

陈涛 2009 年参加工作时，正值常规变电站改造为综自变电站的大潮，在持续 3 年的 42 座变电综自改造后，迎来了智能变电站迅速推广。12 年的工作历程以及二次专业突飞猛进的技术变革，成就了他坚韧不拔、吃苦耐劳的工作作风。他立足岗位，成为宁夏电网乃至全国电力行业首批智能变电站实例化调试检修人员；他勤学苦练，奠定了国网石嘴山供电公司二次专业带头人的基石。2018 年 12 月，220 kV 河滨变全站 20 多套合并单元受同步时钟故障影响，面临采样失步可能造成的大面积继电保护装置闭锁拒动风险，同时出现

220 kV 第Ⅰ套母差保护、4 台 220 kV 线路第Ⅰ套保护 GOOSE 直跳断链的复杂综合故障。他临危不乱，以扎实的理论指导实践，带领团队，经过 53 h 不间断紧急处理，最终不停电恢复河滨变全站二次设备正常运行。此事件处理迅速、分析到位、组织部署合理，在最短时间内高效消除系统性故障，保障了电网系统安全的同时，也赢得了领导、同事的一致好评。

在陈涛 12 年的工作历程中，他始终不忘初心、牢记使命，坚守着以下工作原则：

一是坚持严谨求实，积极创新。2015 年年底，受乌克兰电网遭遇黑客病毒攻击事件影响，国网公司将电力监控系统网络安全提升至前所未有的高度。陈涛带领团队，积极探索近乎空白的关于电力网络安全方面的技能培训模式，严格贯彻执行二次安全防护规程制度，为强化加固变电站监控系统防护作出了卓越贡献，获得宁夏电力调控中心的肯定，并在宁夏区内分享、推广经验。2014 年至今，著有《基于改进萤火虫算法的分布式电源优化配置》等多篇论文，发表于《电力系统控制与保护》等全国中文核心期刊，为解决电网运行方式、负荷配比等问题提供优质方案。主持或主要参与的“新型三相不一致继电器的研制”“智能分合闸线圈诊断装置的研制”等 4 项创新成果，深度结合现场实际需求，从非全相保护动作正确率提升、线圈故障智能诊断等方面入手，不断以技术创新驱动行业提质增效，获得 2014 年石嘴山市总工会第五届职工“五小”成果一等奖、2015 年中国水利电力质量管理协会优秀成果二等奖、2016 年中国质量协会第十五届“海洋王”杯全国 QC 小组成果发表一等奖及其他各类奖项 14 个。

二是坚持以身作则，引领团队奋发上进。任班组长时，陈涛积极开展“六型”班组创建活动，以夏建矿劳模创新工作室为平台，有效引导班组成员学先进劳模、做知识型人才。通过“冬培夏练”模式，先后组织并主讲数据网交换机原理及配置实例、智能变电站关键技术应用等课程。2012—2017 年，积极组织并参加国网石嘴山供电公司“安康杯”技能竞赛，多次取得第一名的好成绩。2017 年被授予地市公司级“优秀专家人才”称号，带领班组实现连续 5 年零安全责任事件。2018 年被国网宁夏电力公司授予“青年安全生产示范岗”荣誉称号，被国家电网有限公司授予“一流班组长”荣誉称号。凭借扎实的理论基础和多年的技术积累，2017 年代表宁夏电力公司参加国家电网公司专业竞赛，取得团体全国第十五名、西北地区第一名的成绩。2017 年年底，被调整为二次检修管理专责，针对电网保护设备（系统）种类杂及装置运行异常多的现状，创新提出“1330”缺陷（隐患）管理法（“1”为建立缺陷隐患“一患一档”，“3”为开展三级人员闭环问责，“30”为全部缺陷 30 天内清零的管理方法）。在试行的 14 个月中，缺陷（隐患）消除率提升 32.6%，并实现 2018 年、2019 年全年缺陷零遗留。主持建立的地市级供电公司运维检修与营销服务的深度融合管理，实现运检业务与营销服务接口最优化，助力解决 5 个涉及群众利益的问题，荣获 2018 年宁夏企协、宁夏工联管理现代化创新成果二等奖。主编完成

《宁夏电网故障录波器配置原则及设计规范》，连续3年被评为国网石嘴山公司先进生产者。2019年获得国家电网有限公司技能等级评价高级考评员资格。2020年成功入选项目管理6个方向的评标专家人才库。

任职情况

2009年8月至2011年7月，在国网石嘴山供电局保护自动化所工作。

2011年7月至2013年2月，任国网石嘴山供电局二次信通组技术员。

2013年2月至2014年9月，任国网石嘴山供电局变电检修室技术员。

2014年9月至2016年3月，任国网石嘴山供电公司变电检修室保护自动化二班副班长。

2016年3月至2017年11月，任国网石嘴山供电公司变电检修室保护自动化二班班长。

2017年11月至2020年5月，任国网石嘴山供电公司二次检修室二次检修管理专责。

2020年5月至今，任国网石嘴山供电公司二次检修中心综合技术室主管。

获奖情况

2014 年 12 月，获宁夏石嘴山市总工会第五届职工“五小”成果一等奖。

2015 年 10 月，获中国水利电力质量管理协会 2015 年全国电力行业质量管理小组活动优秀成果二等奖。

2015 年 11 月，获宁夏电力行业协会 2015 年 QC 发布一等奖。

2016 年 1 月，被评为国网宁夏电力有限公司调度控制中心先进个人。

2016 年 5 月，获中国质量协会 2016 年第十五届“海洋王”杯全国 QC 小组成果发表一等奖。

2017 年 10 月，获国网宁夏电力有限公司职工技术创新“十佳成果”奖。

2018 年 1 月，获国家电网公司“优秀班组长”荣誉称号。

2019 年 1 月，被评为国网石嘴山供电公司先进生产者。

2019 年 10 月，获国家电网公司技能等级鉴定高级考评员资格。

代文章

守正出新，争做大国工匠

个人简介

代文章，1991 年参加工作，现年 52 岁，中国共产党党员，高级工程师、高级技师、国网公司优秀生产技能专家、国网公司高级兼职培训师、全国注册监理工程师、全国注册安全工程师、全国注册二级建造师。目前在国网宁夏石嘴山供电公司变电检修中心从事变电检修工作。参加工作以来，带着对本职工作的满腔热情和无限热爱，认真学习、开辟创新、兢兢业业、刻苦钻研，以一身过硬的技术本领，在平凡的岗位上脱颖而出，经过 30 年的艰苦磨砺，练就一身技术过硬、精准判断、迅速处理、安全保障的行业绝技。

钻研技能

在走上岗位之初，代文章就下定决心学习各项技能，提高个人业务水平。制定了“干中学，学中干”计划，当别人享受与家人在一起的美好时光时，他却坚守工作岗位，在单调枯燥的环境中学习检修技术，在平凡的工作中苦练检修技能，将理论知识与工作经验紧密结合。功夫不负有心人，经过长期的努力，2008 年主持的 QC 成果获宁夏电力公司 QC 成果发布三等奖；2009 年主持的 QC 成果获宁夏电力公司 QC 成果发布三等奖，科技成果评比三等奖，并获得国家知识产权局授权专利；2010 年参加的 QC 成果获中国质量协会第二届“海洋王”杯 QC 成果二等奖；2011 年参加的 QC 成果获中国质量协会“玉柴重工”杯 QC 成果二等奖、宁夏电力公司 QC 成果发布一等奖。2011 年被评为国网宁夏电力有限公司检修专业管理先进工作者，2012 年被评为国网宁夏电力有限公司生产优秀技能专家，2014 年被评为国家电网有限公司生产优秀技能专家。

硕果累累

“工欲善其事，必先利其器。”多年来，代文章始终将创新理念融入实际工作，提高工作效率。参加工作以来，他主持或参与的 QC 成果 6 项获得国家级奖励、10 项获得省公司奖励，5 项创新成果获得省公司奖励。4 项五小成果获省公司奖励。主持的科技成果有 2 项获得国家知识产权局发明专利，9 项成果获得实用新型专利。在电力中文核心期刊发表论文 2 篇，省级电力期刊发表论文 2 篇，国家级电力期刊发表论文 5 篇，其中有 2 篇论文获得省公司论文评比三等奖、2 篇论文获得行业论文评比一等奖。

在技术创新成果的驱动下，2010 年负责完成 220 kV 潮湖变改造、扩建工程，110 kV 红果子变、柳园变扩建工程。2011 年负责完成 110 kV 长青变新建安装、调试、验收工作。以上工程都被评为省公司优质工程。

2012 年，带领班组人员顺利完成柳园变 8 组 35 kV 刀闸改造工程，消除刀闸发热故障。同年，还完成 7 座 110 kV 变电站 45台

110 kV 断路器的本体改造、更换工作。2013 年，消除柳园变 12 台 10 kV 断路器机构设计缺陷，确保设备安全运行。

爱岗敬业

在平凡的岗位上，凡是有重大创新和突出贡献的人，都是充满爱心和热情的人。作为党员，代文章一直坚守在生产一线，单位的尖端活、关键活都积极参与，在单位扮演越来越重要的角色。2012—2018 年，在国家电网技术学院承担了 7 期国网公司新员工的培训工作，每期培训 4 个月。对技术，他诠释了“工匠精神”；对工作，他做到了爱岗敬业。

传授技能

只把自己的工作做好是不够的，把自己的工作经验和技术能力传授给同行，是一名老职工应有的责任和义务。

代文章自 2011 年取得省公司兼职培训师资格以来，每年都能高质量完成省公司下达的培训任务，累计完成授课任务 720 课时。2013 年，取得国家电网中级兼职培训师资格。同年，在省公司变电检修技能大赛中担任教练工作，并取得个人第二名的好成绩。2014 年，在宁夏总工会组织的全区电力行业变电检修技能大赛中担任教练，取得团体第二名、个人第二名的好成绩。2015 年，在省公司举办的带电检测技能大赛中担任教练，取得团体第一名、个人包揽前三名的好成绩。2016 年，获得国家电网有限公司高级兼职培训师资格。

2012 年起，代文章已连续 7 年被国家电网技术学院聘为周期制兼职培训师，承担国家电网有限公司新员工培训任务，累计完成授课任务 1860 课时，完成 8 项培训资源开发任务，连续 6 年被国家电网有限公司授予“优秀兼职培训师”荣誉称号，4 次获得国家电网技术学院兼职培训师教学技能大赛三等奖。2015 年，在省公司举办的第一届兼职培训师教学技能大赛中获得第三名的好成绩。

在中国电力事业发展的进程中，代文章不仅实现了从技术工人到电力检修专家的蜕变，而且承担了后备技术人员的培养重任，践行着一名电力工人的责任和义务。

方军伟

为电力建设事业尽心尽力

个人简介

方军伟，1984 年 1 月出生，中共党员。2008 年参加工作以来，一直从事变电站设备安装及电力系统继电保护调试工作，现任宁夏送变电工程有限公司施工副队长。

心得体会

一是团队的力量。方军伟加入了一个团结向上、积极钻研、勇于创新的调试团队，在这支队伍中，他不仅在专业技术方面得到了很大的提升，而且从中学会了团结协作、安全高效地组织工作。从老师傅身上，学到了严谨务实、精益求精的工作作风。这是他能够一直在技术工作岗位上沉下心、深钻研、走下去的精神力量。

在变电站工程现场调试过程中，方军伟所在的团队、集体成为他成长的摇篮。在师傅的教导、同事的帮助下，从一名不懂技术的小徒弟成长为设备调试负责人。工作第四年，参加宁夏回族自治区继电保护技能竞赛，并获得优异成绩，被授予“优秀选手”称号。参赛选手都是这一行业的高手，无论是理论课程还是实际操作，样样熟练、精湛。在他们的带动与激励下，方军伟获益匪浅，操作技能也得到了很大提高。

二是将荣誉转化为动力。方军伟 2012 年参加宁夏回族自治区继电保护技能比武，取得优异成绩，被授予“优秀选手”称号；2013年被评为宁夏送变电公司先进生产工作者；2015年被国网宁夏电力有限公司调控中心聘为宁夏电网继电保护专家；先后被评为地市级专家人才、国网综合评标专家等。这些荣誉，对他而言是极大的鼓励，他将这些荣誉转化为动力，不断提升自身的技能水平。

三是创新意识。在工作过程中，方军伟及时总结归纳经验，坚持创新，一篇论文的发表、一个专利的发明，都是对知识更为全面和深刻的理解。方军伟在他的第一次QC发布会上，向评委介绍了自己的QC成果：智能变电站相量测试分析软件的研发。当评委问到该成果的现场实用性时，他详细讲解了测试分析软件在工程调试过程中的作用及测试方法，并进行了现场演示，得到了评委的肯定。此次QC成果成功发布，极大地调动了方军伟创新的积极性、主动性。之后他参与完成的“2016年继电保护专业在线培训班项目”被评为国网宁夏电力有限公司2016年网络大学优秀课件。同年还出版了《智能变电站继电保护标准化试验报告范本》。

四是坚持。经过8年的变电站现场调试实践，方军伟熟练掌握了变电站调试方法、流程及测试技术，能够快速解决现场遇到的一些设计、设备问题。随着新设备、新技术的出现，变电站施工及调试方法也不断更新，需要不断掌握新知识、培训新技能。方军伟对自己提出更高的要求，更好、更充分地发挥个人潜能，避免在“熟练工”的位置原地踏步。2016年，经过技能鉴定考试，方军伟获得国家电网有限公司继电保护专业高级技师职业资格。在工程一线工作的同时，方军伟利用业余时间，学习了法律法规、工程经济、项目管理等课程，2019 年，取得国家一级建造师执业资格，注册监理工程师。这些成绩，都是方军伟在工作岗位上的点滴积累，也是他辛苦付出的收获。

专业工作

成为变电站工程调试负责人以来，方军伟专业负责调试的变电站有 20 多座，解决工程现场调试过程中的技术难题上百个。从 110 kV 常规变电站到 750 kV 的智能变电站，从 220 kV 的开关站到 ± 800 kV 的换流站，都有方军伟走过的身影。每解决一个技术难题，方军伟都具有强烈的获得感和成就感，这也是他在技术上能够快速成长的动力，同时积累了大量的现场实践经验。

近年来，国网公司实行大基建、特高压、全面建设智能变电站。在一年的时间里，他主持及参与调试的变电站工程达到 10 多个，在高强度的锤炼下，方军伟的专业技能得到快速提升。由他专业负责及参与调试的变电站工程有贺兰山 750 kV 变电站新建工程、黄河 750 kV 变电站扩建项目、银川东 750 kV 变电站扩建工程、平吉堡 220 kV 变电站扩建工程、西夏 220 kV 变电站新建工程、太阳山 330 kV 变电站新建、掌政 220 kV 智能变电站的改造及西大滩 220 kV 变电站等。近年来，他还负责中卫 330 kV 变电站扩建工程、沙湖 750 kV 智能变电站工程、凯歌 330 kV 变电站扩建工程、灵州 ± 800 kV 换流站、上海庙±800 kV换流站工程等大型工程项目。其中，他主持调试的永乐220 kV智能变电站工程，最终零缺陷顺利投入运行；中卫330 kV变电站扩建工程，作为一个运行多年的变电站，已有的大量设备不符合现有规程规范的要求，而新安装的设备为新标准设备，与前期旧设备不配套，工作过程中牵一发而动全身，方军伟带领团队冷静分析、精准判断，在解决了种种困难后，工程最终顺利投入运行。

在担任质检员期间，方军伟认真履行公司保护调试质检员岗位职责，在调试试验过程中，牢固树立了精益求精、尽善尽美的生产观念，加强调试现场管理，严格贯彻、认真执行有关规程、规范、标准，确保现场调试质量达到预期目标。在担任保护调试副队长期间，方军伟组织调试人员按时完成电气调试、试验生产工作任务，改善现场管理，保证工作质量，提高工作效率。在宁夏电力公司教培中心，方军伟作为兼职培训师，完成了公司多期继电保护专业轮训班、西北电网智能变电站继电保护技术轮训班等课程的培训任务。

在日常的工作中，除了提高工作业绩，科技创新成果、论文著作、专业技术报告也是工作的一部分，这些也是职称评定、专家业绩考核的主要内容。2018年，方军伟以为150分的满分评定成绩，取得高级工程师资格。

在10多年的变电站设备安装调试过程中，方军伟掌握变电站内常用设备的选型、设备之间的配合性能，以及电网稳定运行对一、二次设备的要求，2018年，被聘为国家电网有限公司综合评标专家，目前已参加数次电力设备、施工安装的评标工作。

2020 年，随着新基建的提出与建设的推进，特高压、智能电网发展已成为工作的重心。在电力建设的工作岗位上，方军伟不断学习特高压、智能电网、区块链、物联网等前沿知识，在拓宽知识面的同时，不断深入学习和提高智能变电站、智慧变电站的专业技能，钻研变电站智能巡检、状态感知、一键顺控及智能联动方面的知识。

过往荣誉

2012 年，方军伟参加宁夏回族自治区继电保护技能竞赛，并取得优异成绩，被授予“优秀选手”称号。2013 年，被评为宁夏送变电公司先进生产工作者。负责完成的“五小”成果“智能变电站向量测试分析软件的研发”获得 2014 年国网宁夏电力有限公司二等奖。2015 年，方军伟被国网宁夏电力有限公司调控中心聘为宁夏电网继电保护专家。

方军伟参与完成的“TS−1 型便携式多功能光纤校验仪研制”获得中国电力建设企业协会 2015 年度电力建设 QC 成果一等奖，并获得国网宁夏电力有限公司 2015 年青年创新创意大赛金奖。参与完成的“2016 年继电保护专业在线培训班项目”被评为国网宁夏电力有限公司 2016 年网络大学优秀课件。2017 年，被评为宁夏送变电工程公司生产技能专家、宁夏回族自治区地市级专家人才、国家电网有限公司综合评标专家、国网宁夏电力有限公司优秀共产党员。

近年来，方军伟共发表专业技术论文 7 篇，其中《基于 LabVIEW 的电子式互感器校验方法》《变电站交流窜入直流引起断路器误不力事故分析》发表于《城市建设理论研究》；《智能变电站 ICD 配置文件解析》《变电站静止无功发生器（SVG）系统的调试》《关于盐州 330 kV 主变分侧差动保护动作分析》发表于《工程技术》。

方军伟主持、参与并获奖的 QC 成果、创新成果共 11 项，其中，“防调入坑洞预警装置的研制”“TS-1 便携式多功能光纤校验仪”等获中国电力建设企业协会一等奖；“智能变电站向量测试分析软件”“一体化电源校验仪的研制”“变电站封闭区及汇控柜内环境监测装置”“智能变电站现场调试多媒体教学指导”等项目分别获得国网宁夏电力有限公司 QC 优秀成果奖及实用技术创新等。“卡箍式螺丝刀电动套筒”“数字式互感器极性测量装置”“一种新型光纤打光器”“蓄电池放电测试仪”“近电报警安全帽”“数字式互感器极性测量装置”等获得国家实用新型发明专利。2019 年，方军伟获宁夏送变电公司职工技术“创新之星”荣誉称号。

被聘为地市级专家以来，方军伟认真履行专家职责，充分发挥自身技术专长和优势，与技术人员深入探讨，解决工作中遇到的技术问题。方军伟培养的多名徒弟现已成长为技术骨干。2020 年，他又一次被国网宁夏电力有限公司调度控制中心评为宁夏电网继电保护专家。

作为一名党员、一名电力建设者，方军伟一如既往地发扬国网人“特别能吃苦，特别能奉献”“能打胜仗、善打硬仗、关键时刻顶得住”的工作作风，立足当下，积极进取，为建设具有中国特色国际领先的能源互联网企业尽心尽力，贡献自己的微薄力量。

何明凯

做坚强智能电网的护航员

个人简介

何明凯，毕业于河北工业大学，本科学历。2009 年 9 月被分配至吴忠供电局检修工区检修一班，2010 年被分配至吴忠供电局保护自动化所从事厂站自动化工作，2010 年年底取得自动化工作负责人资格，2014年被任命为吴忠供电公司变电检修室变电二次运检二班安全员，2016 被任命为副班长，2017 年任命为变电二次运检二班班长。2018 年至今，为吴忠供电公司二次检修中心自动化专责，负责所辖 65 座各电压等级变电站的变电站调度自动化专业管理及其他相关工作。

工作经历

在工作中不断成长，离不开理论知识的学习和生产活动的实践，通过专业技能的不断锤炼，何明凯于 2013 年取得电网调度自动化厂站端调试检修员技师资格，2014 年取得电力工程技术工程师资格，2017 年取得电网调度自动化厂站端调试检修员高级技师资格。

自动化工作是一个技术含量高、专业技术强、专业涉及面广、科学技术更新快的工作，没有扎实的专业理论知识、过硬的技术水平、认真严谨的工作态度和不断进取的工作作风是不行的。面对难度大、实施复杂的工作，何明凯毫不退缩，多次参与管辖变电站自动化设备的定检、消缺、验收、技改等日常维护、调试工作。

2010 年，何明凯主要参与完成新调度自动化系统 OPEN-3000 的系统搭建及调试工作；主要负责完成五里坡 220 kV 变电站、盛家墩 110 kV 变电站、五大台 110 kV 变电站、永丰 110 kV 变电站、北郊 110 kV 变电站综自改造继电保护自动化专业安装调试及远动信号传动核对工作；7 月，国网吴忠供电公司“调控一体化”工程实施，何明凯主要负责侯桥 330 kV 变电站地调、中调、网调信号采集及传动工作，在远动方面，实现了国网吴忠供电公司所辖 6 座 220 kV 及以上电压等级变电站无人值守，完成 2010 年中调调度自动化系统基础数据核查及完善工作。

2011 年，何明凯主要负责完成 16 个 35 kV 变电站接入 OPEN-3000 调度自动化系统工作；主要负责红寺堡 110 kV 变电站综自改造，牛首山 330 kV 升压站、星能 330 kV 升压站、汪家河 110 kV 新建变电站、马家湾 110 kV 变电站、孙家滩 35 kV 新建变电站、豫海 35 kV 变电站自动化专业安装、调试工作；自动化专业方面与地调、中调、网调远动通道调试、信号采集及传动工作和交流采样测控校验工作。5—6 月，主要负责完成宁夏电力调度数据网扩充及二次安全防护体系吴忠节点的实施工程，完成小坝 220 kV 变、利通 220 kV 变、五里坡 220 kV 变、罗山 330 kV 变、变侯桥 330 kV 变、青铜峡 330 kV 变、盛家墩 110 kV 变、南山 110 kV 变调度数据网第二平面设备安装、远动通道调试工作。

2012 年，何明凯主要负责完成吴忠地调接入网厂站端 110 kV 及

35 kV 共 40 座变电站调度数据网设备安装及调试工作；豫海 35 kV 变、朝阳 35 kV 变 II 期扩建工程、兴隆 35 kV 变 II 期扩建工程、叶盛 35 kV 变 II 期扩建工程、窑山 35 kV 变综自改造、马寨 35 kV 变综自改造等自动化专业调试、验收工作；罗山 330 kV 变中调远动信息采核对工作，全站开关遥控功能测试工作；后台监控系统远程调阅工作。

2013 年，新梁 220 kV 智能变电站验收工作，何明凯主要负责智能设备调试、自动化试验，验收工期进度，整体把关，圆满完成了吴忠地区第一个 220 kV 智能变电站验收投运工作。在班组管辖的首座智能变电站 110 kV 新桥变验收过程中，他发现智能变电站户外汇控柜内温湿度控制器智能程度不高、稳定性差，主导负责 QC 成果“智能变电站汇控柜温度控制装置”，大大提高了设备运行的安全性，并获得国家实用新型专利。参与研究的“实用备自投装置测试仪的设计”项目荣获吴忠供电公司科技进步四等奖。

2014 年，何明凯主持完成新桥 110 kV 智能变电站及线驮石 110 kV 变电站 II 期扩建工程，园台 110 kV 变电站全站综自系统改造等工程自动化专业调试、验收工作。主要负责的 QC 成果“10 kV 柜外操作升流线夹的研制”获得 2014 年吴忠供电公司 QC 成果发布一等奖、2014 年宁夏电力行业 QC 成果发布二等奖、2014 年“海洋王杯”QC 成果发布最高奖优胜奖。他所在的“开拓者”QC 小组被评为 2014 年国家电网有限公司优秀 QC 小组、2015 年全国优秀 QC 小组。

2015—2017 年，何明凯主持完成吴忠公司所辖 62 座变电站监控信息优化工作，提升监控信息质量，优化遥信、遥测、遥控约 60 000 多个信息点，进一步满足变电站无人值守技术条件；专业负责吴忠地调接入网扩充及二次安全防护体系建设工程，涉及 110 kV、35 kV 共 58 座变电站第二套调度数据网及二次安全防护设备安装及调试工作，有效保障变电站数据网络化传输冗余配置。主持完成星能 330 kV 变电站 3 号主变扩建、买河 110 kV 变电站全站综自系统改造、同德 110 kV 变电站、白家滩 35 kV 变电站新建等工程继电保护及自动化专业调试、验收工作。主持、参与的 QC 成果“110 kV 集成式升流平台的研制”“110 kV 集成式极性测试装置的研制”“集成式小母线环接装置的研制”等创新成果，获得吴忠供电公司 QC 成果发布一等奖、宁夏电力有限公司 QC 成果发布一等奖，国家电网有限公司 QC 成果一等奖等。

2018 年至今，何明凯主持完成吴忠地区 65 座变电站网络安全监测装置部署工作，有效改善了现有变电站仅依靠边界防御的局面，使防御纵深延伸至站内所有网络、安防及主机设备；主持完成吴忠地区 110 kV 及以下电压等级变电站第二套调度数据网接入、调试工作，实现吴忠地区变电站数字、模拟通道全部退出，实现变电站数据全网络化传输。

工作收获

近几年来，何明凯主要主持、参与编写《国网宁夏电力公司吴忠供电公司电力调度控制系统突发事件处置应急预案》《国网吴忠供电公司设备典型案例分析》《变电检修室电力通信规约汇编》《吴忠供电局自动化系统运行规程汇编》《国网吴忠供电公司电力调度自动化专业管理规章制度汇编》《国网吴忠供电公司电力调度自动化系统突发事件及处置方案》《国网吴忠供电公司电力调度自动化系统管理制度》《国网吴忠供电公司电力调度自动化系统运维规程》等规程规范，有效地促进了吴忠电网相关专业的规范管理。

何明凯还利用业余时间撰写了《浅谈电力自动化系统与 10 kV 配电网运行管理》《开关磁阻电机的结构参数设计以及优化》《基于遗传算法的自动化立体仓库货物配载研究》《主变压器差动继电器保护原理与故障分析》《电力调度数据网机构特性探析》《数字化变电站实用技术研究》《电力调度自动化二次系统安全防护研究》《电力自动化设备综合监控管理系统研究》等专业论文，在《电气自动化》《科技创新与应用》等期刊上发表。

何明凯兢兢业业工作的同时，也得到了单位和同事的高度认可，2012 年被评为宁夏电网调度控制工作自动化专业先进个人，2014 年被评为吴忠供电公司变电检修室先进生产工作者，2015 年荣获国网吴忠供电公司“青年岗位能手”称号，2017 年荣获国网吴忠供电公司“优秀专家人才”称号，2019 年被评为国网宁夏电力有限公司先进生产（工作）者。

在日常工作中，他坚持学习，多学、多想、多问，并积极与同事讨论问题，共同进步。自动化专业涉及保护、通信、一次、二次等多个专业的知识领域，多个综自厂家的自动化设备错综复杂，都需要认真细致地学习，要仔细翻阅各类图纸、装置说明书、专业书籍，遇到不明白的问题要反复思考，以一种不搞明白誓不罢休的精神，积极主动向老师傅请教，并认认真真做好学习笔记。尤其在现场工作时，他更是书本不离手，详细记录现场的工作，提高自己的业务水平。

一路走来，何明凯从事自动化专业工作 12 年，已逐渐成熟。他深知自动化工作所肩负的责任重大，容不得丝毫马虎大意。因此，细致做好每项工作已成为他的一种习惯和责任，全身心投入自动化事业，无论条件多艰苦，任务多艰巨，他总能以顽强的信念和昂扬的斗志圆满完成工作任务。在干自动化工作的这些年里，领导和师傅的无私帮助与关心为他指明了道路，他也慢慢从被人关心、帮助转变为关心、帮助和团结他人，为企业发展贡献自己的力量，用自己的实际行动诠释“诚信、责任、奉献、创新”的核心价值理念，真正成为电力企业发展壮大的生力军，为坚强智能电网保驾护航。

何宁辉

做战略目标的践行者

个人简介

何宁辉，1986 年 11 月出生，中共党员，高级工程师。2013 年毕业于武汉理工大学机电工程专业，获博士研究生学位。现任国网宁夏电力有限公司电力科学研究院院级专家、设备状态评价中心信息室主管。

主要经历

2003 年 9 月至 2007 年 6 月，武汉理工大学自动化专业学习，获学士学位。

2007 年 9 月至 2010 年 6 月，武汉理工大学控制理论与工程专业学习，获硕士学位。

2010 年 9 月至 2013 年 6 月，武汉理工大学机电工程专业学习，获博士学位。

2013 年 9 月至 2018 年 4 月，国网宁夏电力有限公司电力科学研究院设备状态评价中心专责。

2017 年，入选宁夏回族自治区青年托举人才工程。

2018 年，入选宁夏回族自治区青年拔尖人才。

2018 年 5 月至 2019 年 7 月，任国网宁夏电力有限公司电力科学研究院设备状态评价中心状态信息室主管。

2019年8月至今，任国网宁夏电力有限公司电力科学研究院 院级专家、设备状态评价中心状态信息室主管。

综合评价

何宁辉政治可靠、立场坚定，认真学习习近平新时代中国特色社会主义思想，增强“四个意识”，坚定“四个自信”，做到“两个维护”，不断充实自己的政治理论，增强政治敏锐性，通过撰写心得体会、思想报告等，提高认识，增强觉悟。

爱岗敬业，勇于担当，能够有效发挥一名党员的先锋模范作用。在获得个人成绩的同时，能有效带动团队共同进步。严格履行岗位职责，扎实做好本职工作，及时、主动、有效地发现主设备缺陷，避免重大设备事故的发生，PMS系统数据质量和应用水平持续提升，推进泛在电力物联网建设，提升实验室检测能力，助力公司质量体系建设。

工作表现

何宁辉长期进行电网设备状态监测及检测技术研究，对变电站设备智能感知、设备异常状态监测技术深入了解。利用电力物联网，在基于“移动化”“标准化”“规范化”的基础上改造传统作业模式，实现输变电巡检现场作业电子化、信息化、规范化和智能化，具有良好的基础和较强的钻研能力。主持开展银川东换流变极 I Y△A、B、C 相油色谱异常，极 I YYB 相油色谱异常的分析工作；灵州换流变极 II 低端 YD 油色谱异常、极 II 低端 YY A 相、C 相油色谱异常，沙坡头 2# 主变、3# 主变油色谱异常分析工作；灵州 330 kVGIS 设备和甘露 330kV 变电站特高频监测传感器放电缺陷的现场分析工作；灵州换流站 7573−B 相断路器放电故障、同利变 110 kV GIS 设备放电故障、凯歌变 110 kVGIS 出线侧隔离开关发热缺陷等现场设备调研和故障分析工作。参加灵州换流站启动调试工作和换流变现场感应耐压及局放试验、杞乡 750 kV 变电站 GIS 设备现场冲击耐压试验、柳园变和燕窝池变变阻抗变压器挂网三相人工短路试验、盈北变快速开关消弧消谐装置挂网三相人工短路试验、252 kV 母联快速开关挂网试运行人工单相瞬时短路试验、变电在线监测装置入网检测与现场数据比对试验工作、输变电在线监测装置现场安装、调试和验收工作，以及 2015 年度国家电网有限公司带电检测竞赛。

在科技创新工作方面，何宁辉主持宁夏回族自治区级技术创新中心（宁夏高压电气设备试验与检测技术创新中心）的建设和科研工作，获自治区科技进步奖三等奖 4 项、国家电网有限公司科技进步奖 2 项、省公司科技进步奖 10 多项；参与编写并发表专著 4 部、发表学术论文 40 多篇，其中 2 篇论文获宁夏第十四届自然科学优秀论文二等奖；获专利授权 9 项、软件著作权授权 8 项；发布团体标准 1 项、企业标准 10 项。

何宁辉工作思路清晰，考虑问题周到细致，对各项工作精细管理、成效显著。担任国网宁夏电力有限公司电力科学研究院院级专家期间，他作为专业技术中层管理者，不满足于会干、能干，而是要让专业工作“上水平、上档次”。2019 年，他负责的利用信息化技术手段开展生产管理数据治理和指标提升工作，实现了设备各项数据质量达到 99%以上，各项应用指标达到 99%以上，全面提升了宁夏公司设备（资产）运维精益管理系统规范化和实用化应用水平。负责宁夏公司实物 ID 实用化工作期间，指导各运维单位完成宁夏公司第一批存量设备赋标工作任务，存量设备数据治理率达到 100%，覆盖率达到 64.3%，宁夏电网实物资产 ID 建设工作实现新突破。在 PMS2.系统深化应用方面，他负责的主网设备账卡物一致性治理率达到 99.5%，配网设备账卡物一致率达到 98.7%，国网专家评价该指标在国网名列前茅，顺利通过国家电网有限公司资产全寿命周期管理体系监督评价。

他注重领导方法，组织协调能力强。任国网宁夏电力有限公司电力科学研究院设备状态评价中心信息室主管以来，能够认真落实各项工作，注重学习管理，善于管理、敢于管理，有效提高室内员工的工作积极性，同时提高工作创新能力，增强工作创新意识。他带领青年员工积极开展创新创效工作，在公司青年创新创意大赛等活动中取得了优异成绩。

正在开展的工作

随着交直流耦合电网规模的进一步扩大，宁夏电网面临的安全风险日益提高，如何快速、准确地识别交直流故障并可靠消除，是考验电网稳定运行的关键。当前，电网主要面临短路故障精准辨识速度慢、短路电流超断路器开断水平、故障切断 / 转移时间较长、限流器在正常运行条件下损耗大等问题，在已有的快速开关研究成果基础上，需要进一步攻克高电压等级高性能真空灭弧室优化设计及相关性能验证问题。随着宁夏 750 kV 双环网主网架的建成，直流分量叠加进一步加剧短路电流增大，导致部分变电站断路器额定遮断容量不满足开断要求。何宁辉主持开展运断路器开断性能评估方面的工作，提出解决直流分量影响因素的解决措施，对电网运行稳定性提升具有重要的理论和工程价值。同时，直流换流站设备复杂、技术难度大，部分关键设备故障机理仍未彻底掌握，采用通用设计条件设备，在大温差、强风沙、高污秽度、谐波超标等运行条件下，长时间大负荷运行后，设备隐患逐步暴露，他开展相关故障机理、评估方法、解决方案等方面的研究。随着电网规模的不断扩大，设备数量呈逐年增长趋势，现有运检技术与保障电网高可靠运行间存在一定差距，为提升设备运行和维护效率，研究提升在线监测技术与装备的准确性和可靠性，开展设备缺陷智能识别与云边端协同运维技术攻关，进一步提升输变电设备状态评价与风险评估水平。

今后努力的方向

何宁辉认为，今后还需进一步加强理论学习，提高自身素质。要积极参加各类培训和学习，注重把学习的着眼点放在解决实际问题上，把学习当作做人、修身的头等大事。同时，学习讲话文件，增强政治敏锐性；学习上级政策，把握正确发展方向；学习业务知识，提高决策水平；学习先进经验，促进工作开展。

工作作风有待进一步加强。有很多工作想到了，看到了，也安排布置了，但在抓落实上略显不足，平时工作一忙，就把大量的时间和精力投入在事务性工作、各种会议以及沟通工作上，致使个别工作成效不明显。

科研工作仍需进一步提升。科研工作自主性仍然不足，部分课题未能有效结合现场实际生产问题，提出创新思路。在科技项目的实施过程中，参与程度不够深入，解决问题的方法有待进一步完善，创新意识有待进一步提高。

霍雪静

为国网事业发光发亮

个人简介

霍雪静，就职于国网银川供电公司调控中心。2001 年 7 月毕业于银川电力工业学校电力工程专业。毕业后分配到宁夏天净元光电力有限公司西夏分公司从事工程预算工作。2005 年 7 月调入银川供电局变电运行工区工作。2011 年 4 月调入银川供电公司电力调度控制中心工作至今。2013 年取得电力工程师职称。在参加工作的 20 年中，热爱本职工作，兢兢业业、任劳任怨、团结协作、吃苦在前，在不同的岗位上均得到了领导和同事的肯定。

工作经历

在转岗到芦花 220 kV 变电站担任值班员期间，霍雪静积极参与站际竞赛活动，负责整理芦花 220 kV 变电站投运技术资料和图纸及试验报告，并编号、批注、装入资料盒便于查阅。还负责修改芦花变电站一、二次设备台账，安全工器具台账，消防器材台账，防汛物资台账，五防装置台账等基础台账。

在变电站设备巡视工作中，她按巡视路线，定人、定时、定路线逐台设备巡视，不遗漏，凭借“看、听、闻、摸”等工作经验，对不同设备采用不同方法进行检查，多次发现危及电网安全运行的重大设备隐患和缺陷，使之及时得以处理，为确保电网安全运行作出了贡献。发现 220 kV CT 电流回路开路、220 kV SF_6 断路器内部泄压、密度继电器漏气、220 kV 和 110 kV 隔离倒闸发热等设备缺陷，提高了电力系统的安全可靠供电能力。

在每年的春秋季安全大检查工作中，霍雪静按要求开展“五查六防”，对设备认真仔细地检查评级，及时上报设备隐患，提高设备安全运行水平。对户外设备坚持“逢停必扫”原则，遇清扫时，她都以身作则，苦活累活自己干。在设备异常、事故处理过程中，沉着冷静地应对各类突发事件，快速、准确、圆满地处理了许多大型事故，在保证人员和设备安全的前提下，尽快对停电设备恢复供电，确保系统安全稳定运行，使事故造成的损失降到最低。在 10 kV 真空断路器因质量问题发生故障造成超级跳闸时，能准确判断出事故点、10 kV 避雷器运行中绝缘套裂纹冒烟、110 kV 隔离刀闸运行中发热、220 kV 断路器液压机构喷油及液压故障……霍雪静在一次次大大小小的事故处理中，认真履行一个运行值班员的职责，为电网的安全运行作出了自己的贡献。

2011 年 4 月，由于工作需要，霍雪静调到电力调度控制中心新成立的监控班，担任主网监控员。因有变电站的丰富工作经历，她在监控岗位上得心应手。她深知，作为一名合格的监控员，不仅要有扎实的理论知识和丰富的实践经验，而且要有严谨细致的工作作风和崇高的工作责任感。作为一名监控员，在监控值班期间，认真坚守岗位，及时调整电压，确保电压质量满足用户需求。严格按要求，及时制作新投入改造设备的信息核对点表，与运维站人员认真仔细核对新城变、金凤变、芦花变、海宝变、燕鸽湖变等共18座变电站的综自改造设备信息验收工作，与变电运行人员核对设备“四遥”信息近6万条。通过信息确认使监控机上报各类信息，与现场设备实际节点开入开出正确一致，确保每一设备投运后能通过监控信息反映设备的真实运行状态。认真监视查看每一条异常信号，发现设备紧急缺陷20多条，及时通知运维人员及主网调度检查处理，尽快消除设备缺陷。积极适应新的运行工作模式，提出合理化建议，使调度、监控业务之间的配合度进一步提升，为调控一体化顺利实施提供有力技术支撑。

2012年7月，霍雪静参加国网宁夏电力有限公司2012年宁夏电网调控运行人员调考，获得团体第一、个人第九名的好成绩，受到了各级领导的表扬，并由此升为主网监控主值。

2014年4月9日，银川迎来了一场大雨，使经历去年整个冬天洗礼的电网设备面临严峻考验。经过一天的雨水冲刷，到下午18:30左右，监控端监控机OPEN-3000纷纷上报各个变电站的事故跳闸信息和接地告警信息，调度大厅急促的电话铃声此起彼伏，10 kV线路一个接一个跳闸，直到次日凌晨6:00，跳闸处理才告一段落。事故后统计，当晚共跳2台主变、3条110 kV线路、33条10 kV线路。霍雪静作为一名监控员，初次面对如此大的电网事故，临场不乱，严格按照事故处理原则，快速而准确地通知相关调度及负责人，保证银川电网的安全、可靠运行。此次工作使她获得特殊安全贡献奖。

2015年10月25日，220 kV高桥变高西线37119启动投运。投运成功后，高桥变高西线 37119 开关运行，西郊变高西线 1301 开关热备，在高西线空载运行 24 小时后，需将西郊变方式调整为分列运行方式。霍雪静当值期间对工作认真、负责，在监控信息时及时发现高西线两侧功值异常，果断告知主网调度立即停止操作。经现场运维人员检查，西郊变二次极性接反，遂将西郊变恢复了原运行方式，确保银川电网在特殊保电时期安全、可靠、稳定运行。

工作收获

霍雪静参与编写《银川电网 2012 年“国庆”保电预案》《银川电网 2012 年“端午节”保电预案》《银川电网 2013 年“迎峰度夏”联合反事故演习方案》《银川电网 2014 年“中秋、国庆”保电预案》《银川电网 2015 年“迎峰度夏”联合反事故演习方案》《银川地区电网 2017 年大面积停电调度处置预案》《2017 年度银川电网 110 kV 及以上变电站全停反事故预案》《银川地区电网 2018 年 35 kV 及以上变电站全停调度处置预案》《银川公司调控中心应对恶劣天气停电事件部门处置方案》《银川电网变电站一次系统主接线图》《2019 年度银川电网“迎峰度夏”期间运行方案》，独自编写的《监控系统变电设备巡视作业指导书》《电网调度控制中心关于监控操作票的使用说明》《电网调度控制中心缺陷处理流程》《AVC 电压调整优化方案》等，被发布及应用。还参与多次事故演习方案的编制和导演工作，经过反事故演习的锻炼及每一次认真的演习总结，使主网、监控员之间相互配合，处置各类大小缺陷、事故的综合能力得到极大提高。还承担培训新监控员的任务，以“师带徒”的形式，手把手培养出多名合格的监控员。

经过多年的努力，霍雪静不仅在专业工作方面取得了不少成果，而且获得了一些荣誉：2013 年度电力调度控制中心先进生产（工作）者、2014 年度银川供电公司安全先进生产（工作）者、2016 年度电力调度控制中心先进生产（工作）者、2017 年度宁夏银川供电公司优秀专家人才。2017 年 QC 成果“提高新能源场站无功补偿器利用率”获得银川供电公司发布会优秀成果奖，2018 年 QC 成果“缩短调度负荷查询时间”获得银川供电公司发布会优秀成果奖，2020 年获得电力行业质量信得过班组典型经验交流活动一等奖。2013 年发表合著论文《电力调度员应培养的六方面基本素质》，2017 年发表独著论文《电力调度监控一体化系统的信息告警优化研究》，2018 年发表独著论文《电网调控运行中的操作流程控制》，2019 年发表合著主笔论文《电气自动化在电力工程中的应用探究》，2020 年发表合著主笔论文《电力调度监控的可靠性问题与对策分析》。2018—2020 年，参与发明创作的“一种快速安装的变压器”“一种多功能散热的防鼠柜”“一种电力设备柜”获实用新型专利。

从事电力运行工作 20 年来，霍雪静树立了正确的工作态度，建立了一丝不苟、认真负责的工作作风，培养了良好的工作习惯。在以后的工作中，她依然会戒骄戒躁，力争取得更好的工作业绩，为银川电网的安全、稳定运行和电网发展作出自己的贡献。

寇 琰

争做网络安全守护者

个人简介

寇琰，2010 年 7 月毕业于华中科技大学。参加工作至今，工作表现稳定，目前在二次检修中心变电二次运检负责厂站端自动化设备的日常维护、检修与消缺工作。在二次检修中心的工作经历，给了他很好的锻炼机会，丰富了阅历，开阔了眼界，并促使他不断努力学习，掌握最新的自动化专业前沿技术，为自动化专业的工作奠定了坚实基础。在中心及班组各级领导的支持和配合下，寇琰的专业技能在短短几年的时间里上了一个新台阶，得到了各级领导的肯定。

工作经历

自从肩负班组管理人员这个重任以来，寇琰始终保持清醒的头脑，以勤勤恳恳、踏踏实实的态度对待工作。严格按照班组制定的安全工作目标，全面贯彻安全第一、预防为主、综合治理的方针，强化班组安全生产管理，在班组日常工作中，认真对工作现场的设备和人员进行安全职能监督，并在各项安全生产工作中，杜绝作业人员习惯性违章，坚决惩治其他安全违规行为，掌握威胁安全生产的重大隐患和薄弱环节。分析及预控大型工作的危险点，防患于未然。针对大型工作现场地点分散、人员复杂、难度大等特点，严格落实大型工作班前班后会制度，并根据现场工作人员和已知情况，组织班组全体成员对作业中存在的危险点进行分析，充分发挥班组安全管理人员的作用，深入持久地开展危险点分析预控工作，求真务实，抓出成效。认真贯彻党的路线、方针、政策，坚持四项基本原则，贯彻上级的指示精神，以明确的思想意识指导自己，用自己的行动体现一个党员和工程技术人员的导向作用，发扬敢于担当、敢打敢拼的精神，推动各项工作不断开展。在日常工作中，坚持做到踏踏实实工作，堂堂正正做人，正确对待个人的名利、待遇，扎实认真、兢兢业业、尽职尽责地努力工作，圆满完成各项工作任务。不断提升技术和业务水平。从参加工作，尤其是成为班组管理人员以来，技术水平和业务能力得到提高和加强，为专业技术学习奠定了理论基础。虚心请教有专业特长的工程师和学者，不放过每一个学习和提高的机会，使自己的技术水平和能力不断加强。在业余时间，坚持阅读专业书籍。

工作收获

2016—2017 年，寇琰顺利完成国网银川供电公司管辖 110 kV 及以下共计 50 座变电站远动通道调试、调度数据网纵向加密非法访问以及设备缺陷处理，西夏 220 kV 变电站、金凤 220 kV 变电站一平面调度数据网设备更换工作，新城、平吉、东山等多座 220 kV 变电站的调度数据网一、二平面业务数据割接等工作。结合在自动化工作方面的经验，发表论文《电气工程中电力系统自动化技术的应用剖析》《西门子移动变保护调试及解决方案》。同时，积极开展

QC 活动，推进班组管理创新，其 QC 成果“防止扩大内桥接线 PT 长期并列回路的研制”获银川供电公司 2016 年度三等奖、“防火泥加热盒”获银川供电公司 2017 年度三等奖。获得 2017 年度“国网银川供电公司优秀专家人才”称号。

2018—2019 年，在公司领导的正确引领下，完成 220 kV 变电站的自动化春、秋季检修工作，同时结合宁夏电力公司中调自动化处自动化设备隐患排查工作，开展变电站后台监控系统、调度数据网设备、电力同步时钟系统、UPS 不间断电源设备、交换机、远动装置等自动化设备的隐患排查工作，并及时处理，有效地杜绝了事故的发生。实现银川供电公司 73 座变电站火灾告警、火灾告警装置故障、周界告警、交流串入直流告警、蓄电池组熔断器熔断等重要告警信号的远动转发，确保变电站在发生重大火灾、盗窃等事故时，调度端能够及时掌握现场情况，缩短事故发现及处理时间。根据电力调度数据网建设相关要求，完成银川供电公司 61 座 35 kV 及 110 kV 变电站第二套电力调度数据网的建设工作，同时结合宁夏电力公司中调自动化处 2018 年隐患排查治理工作，完成第一套电力调度数据网设备双电源、二次接地等隐患治理工作。配合银川地调 D5000 自动化监控系统建设，完成银川供电公司 73 座 220 kV 及以下变电站的 D5000 系统接入工作。开展万安、德胜 110 kV 变电站、八里桥 220 kV 变电站自动化验收工作，并结合日常工作所学内容，自行完成调度数据网路由器、纵向加密、交换机调试工作，编写调度数据网调试及安全防护加固指导手册，同时完成 Linux 主机操作系统加固、网络安全监测装置及 Agent 程序的安装与部署工作，并将站内监控主机、二次安防、交换机等设备接入网络安全监测装置，保证事件上传的实时性与正确性。发表论文《变电站站端自动化设备调试概论》《宁夏移动变电站概述》，QC 成果“继电保护自动校验系统的研制”获银川供电公司 2018 年度三等奖。2017 年、2019 年被评为国网宁夏电网调度控制工作自动化专业先进个人，2019 年被评为银川供电公司先进生产工作者。

2020 年，编写自动化专业《安全防护加固指导手册》。在取得了良好的使用效果后，现已将该手册发放至其他地市公司自动化专业人员进行试用，并根据反馈的问题实时进行修编。根据宁夏电力有限公司中调网络安全监测装置建设要求，完成银川供电公司全部 75 座变电站的网络监测装置建设工作。编写《网络安全监测装置部署及调试手册》，目前已完成初步编写工作。获得 2020 年宁夏电力有限公司职业技能鉴定中级考评员和初级兼职培训师认证资格。参与宁夏电力公司职业技能鉴定厂站自动化调试员高级技师的题库编写工作，目前已完成实操部分的编写，理论试题正在加紧编写中。发表论文《电力系统继电保护的运行维护分析》。

成绩的取得，归功于领导的培养、信任和同事的帮助，寇琰没有辜负党的培养、领导的信任和组织的关怀。在今后的工作中，寇琰将一如既往地努力学习、不断进步，继续以奋发的姿态干好工作，做一名现代企业中合格的骨干，努力拼搏，为电力事业的发展、振兴贡献力量。

马文长

奋勇争先，做宁夏标杆的践行者

个人简介

马文长，1988年出生，高级工程师，2012年硕士研究生毕业后进入国网宁夏检修公司工作。现任国网宁夏检修公司变电检修中心电气检测二班班长，负责宁夏全区17座330 kV及以上电压等级变电站的电气试验工作。参加工作以来，马文长长期扎根电网运维检修生产一线，先后在变电运维、保护自动化、电气试验、变电检修及电气检测等专业工作学习。能够从不同专业角度分析并解决各类生产实际中的问题，勇于破难点、抓重点、碰硬点，在每一个阶段的工作中都能做到勤学多问、举一反三，得到领导与同事的一致肯定。被评为宁夏检修公司2017年度优秀班组长、2018年度先进工作者，获得2015年“国家电网有限公司技术能手”、2019年“自治区技术能手”称号。

工作经历

作为工作负责人，他先后参与沙湖750 kV变电站、灵州±800 kV换流站、沙坡头750 kV变电站等大型变电站的投运验收工作，发现并消除了多起设备缺陷，确保设备零缺陷投运。工作期间，从细微处着手，先后研发“变压器有载分接开关可视操作箱”“SF_6气体快速充气装置”“真空断路器辅助试验装置”等多项技术创新成果，推广应用后，共节约运维成本30多万元。2018年，带领班组员工获得检修公司“超越杯”电气检测专业技能竞赛个人前两名及团体第一名，班组青年员工的业务技能得到锻炼。针对检修公司带电检测外委业务的管理要求，编制《国网宁夏检修公司带电检测外委业务管理办法》。在工作中，充分发挥个人专业理论优势及现场检测经验，仅2019年，通过多种带电检测手段，发现电气设备异常发热265处、SF_6设备漏气12起、局部放电异常缺陷9起，保障宁夏电网安全稳定运行。作为主创人员，“基于精益化理念的超高压设备技改工程‘365’管理模式构建与实施”获得2018年宁夏企业管理现代化创新成果二等奖，个人的管理能力又上了一个新台阶。

心得体会

班组长是班组安全生产、技能培训、绩效管理的第一责任人，其素质和能力直接影响班组的整体水平，因此班组长应有较高的文化水平、较宽的知识面、较强的专业技能、较好的组织协调能力，还要有一定的领导决策能力、过硬的政治素养，这些是对一名合格班组长的基本要求。除了这些基本要求之外，马文长认为班组长还应该做好以下几点。

第一，不断加强学习，争做班组排头兵。

在班组管理中，班组长不但要做到以理服人，更要做到以技服人，因此班组长必须充分利用一切机会，加强业务知识和管理知识的学习，特别要对新技术、新知识投入更多精力。“打铁还需自身硬”，作为班组长，没有过硬的技术是不能服人的，这就需要多学习、多实践，遇到问题多思考，日积月累，积少成多，把自己锤炼成本专业的专家、处理问题的行家。此外，班组长还必须学习相关的管理知识，做好班组的日常管理工作，使班组工作有条不紊地进行，不仅让环境井然有序，而且要管理得有特色。班组长必须注重自身综合素质的培养和提高。言谈举止、待人接物、为人处世等方面都要出类拔萃，只有这样，才能树立良好的形象和权威，更好地组织班组工作。要树立正确的人生观和价值观，敢于吃苦、乐于奉献，充分发挥模范带头作用，把大家团结在自己的周围，调动每一个人的积极性，为圆满完成公司、中心交付的任务作出贡献。

第二，抓好安全生产，牢记安全生命线。

通过班组安全会、班组安全培训等，组织全班人员认真学习安全生产方针、政策、法律、法规及规章制度，对变电站大修、新设备投运、重要时期保电措施等要求及时交底，认真学习和分析外单位的安全生产经验及事故教训，及时总结班组工作中存在的问题并提出整改措施，不断强化班组成员的安全意识。抓好技术培训工作，积极开展岗位练兵活动，制订培训计划，通过技术问答、事故预想、反事故演习、技术讲座等多种培训方法，提高班组成员的业务能力和技术水平，提倡和鼓励自学成才。班组长一定要本着对个人、对班组、对企业负责的精神抓好安全工作，树立安全无小事观念。

第三，加强班组交流，提高班组战斗力。

充分发挥班组安全员、技术员的作用，调动班组成员的积极性，使其做到各司其职、各负其责。增强班组成员的工作主动性和创造性，增进班组成员的集体观念，形成“齐抓共管，人人参与”的局面。同时，班组长还要做好与班组成员的交流工作，包括技术、思想、学习、生活等方面，了解班组成员的特点，从而在工作中充分发挥班组成员的特长。例如老员工具有工作经验和技术上的优势，侧重于让他们做好传、帮、带及安全把关工作；青年员工接受能力强、可塑性大、有创新精神，放手让他们通过实践提高工作能力，逐步成为班组工作中的中坚力量。通过交流，及时了解班组成员的思想状况和心理状况，增强班组成员间的相互信任，从而增强班组的凝聚力，提高班组的战斗力。

总之，班组长要与班组成员融为一体，扑下身子全力以赴，遇到事情不逃避，遇到问题不推诿，带领整个班组高效、优质地完成上级领导交付的任务，为电网、设备安全保驾护航。

吴培涛

全力以赴立潮头

个人简介

吴培涛，1985年7月出生，中共党员，硕士学位，高级工程师，高级技师，现任国网宁夏电力有限公司培训中心技术技能培训部副主任。先后在国网宁夏电力有限公司石嘴山供电公司、国网宁夏电力有限公司检修公司、国网宁夏电力有限公司培训中心从事继电保护及自动化专业的检修、维护、培训、管理等工作。

工作收获

吴培涛入选宁夏青年科技人才托举工程；被聘为国网宁夏电力有限公司省公司级专家人才、调度自动化专业带头人；取得国网宁夏电力有限公司青年岗位能手、优秀兼职培训师、技术能手、优秀共产党员等荣誉；获得全国电力行业培训师竞赛优秀选手、国网宁夏电力有限公司先进生产（工作）者、宁夏电网调度控制工作先进个人、中国能源化学工会西北电力工作委员会先进个人等；国家电网公司调度自动化及网络安全专业技能竞赛个人第七名、国网宁夏电力公司培训师技能竞赛个人第一名、国网宁夏电力公司“学安规、固红线、保安全”劳动竞赛个人第一名、国网宁夏电力有限公司检修公司首届“超越杯”专业技能竞赛继电保护自动化专业第一名、国网宁夏电力有限公司检修公司银川东直流综检二等奖、超高压分公司“安康杯”综自改造立功竞赛个人一等奖等多项专业奖项及荣誉。

新冠疫情期间，吴培涛用最短的时间完成了教学计划编制调整，确保“空中课堂”火速上线和顺利开课。组织各类线上培训班 49 期（次），2 362 名学员参培，63 门课程线上直播。创新推出“主题式技能培训”，圆满完成公司 6 000 多名生产技能人员培训项目策划工作。着重开展职工技能培训工作，累计完成各类培训项目 367 期（次），培训人数 31 120 人（天），培训课时 4 752。筹备、参与完成西北地区规模最大、技术领先、宁夏回族自治区电力行业唯一的继电保护专业和调度自动化专业实训场所建设工作。

工作之余，吴培涛善于钻研、积极创新，获得实用新型专利 8 项、软件著作权 1 项，科技进步奖 2 项、青年创新创意大赛 1 项，发表论文 20 篇，参与编制专业技术标准规程 7 项。针对智能变电站继电保护设备无法实现联网打印，创新提出串口转网口的打印方法并将其运用到实践中，受到了现场运行和检修人员的好评，此成果获得地市公司级年度职工技术创新成果三等奖。近年来，随着调度自动化改造的项目越来越多，需要进行调度遥控测试的工作越来越多，适时研制出测控装置遥控回路测试仪，填补国内该领域空白，获得多项创新成果奖励，为宁夏电网安全稳定运行作出突出贡献。

工作经历

2007 年大学毕业后，吴培涛进入国网宁夏电力有限公司石嘴山供电公司工作，2011 年调入国网宁夏电力有限公司超高压分公司，经历调度自动化、继电保护等多个岗位的历练与学习，始终以高标准、高起点严格要求自己，积极努力、创先争优，工作中好动手、勤练习、敢实践，业余时间好看书、勤钻研、善研究，迅速掌握继电保护及调度自动化设备的调试方法，并成为行家里手。在 2015 年国网宁夏电力有限公司检修公司首届“超越杯”专业技能竞赛中，获继电保护自动化专业第一名；在 2017 年国家电网有限公司调度自动化及网络安全专业技能竞赛中，斩获个人第七、西北地区第一名的好成绩。

2017—2018 年，作为班长，带领班组参与、负责 ±660 kV 银东直流年度综检、±800 kV 灵绍年度综检；负责月牙湖 330 kV 变电站全站测控装置更换，保障调度监控电网的准确性；负责国网宁夏电力有限公司检修公司二次检修中心成立后首个技改项目月牙湖 330 kV变电站 220 kV 母线保护、失灵保护改造，高标准调试完毕并安全投运；负责迎水桥 330 kV 变电站电能质量谐波监测装置安装工作；完成 64 套继电保护及测控装置定检；消除影响生产缺陷 56 条，排除各类隐患 21 个。吴培涛始终以党员的标准严格要求自己，为银东、灵绍直流及宁夏电网安全可靠运行作出突出贡献，被授予国网宁夏电力有限公司检修公司“优秀共产党员”称号。

由于工作出色，2019 年吴培涛得到了领导和同事的一致认可，成长为国网宁夏电力有限公司培训中心的一名中层管理干部。面对新的岗位、新的挑战、新的职责，他依然不忘初心，对待工作认真严谨、一丝不苟。凭借自身多年的现场经验，他发现新设备、新技术不断进入宁夏电网，部门培训师的技术技能水平却没有提高。针对这种情况，他制定了详细的师徒培训管理办法和考核细则，规范和指导师徒合同的具体实施，采取师徒同奖同罚的办法，提高师徒双方培训学习的积极性，并将师徒合同按照等级分阶段进行，不断缩小技术差距。在国网宁夏电力有限公司 2017 年培训师技能竞赛中，吴培涛获个人一等奖；在 2019 年第二届全国电力行业青年培训师教学技能竞赛中，获优秀选手奖。

为确保公司 2020 年生产技能人员培训项目高质量实施，培养更快适应公司发展需要的高素质技能人才队伍，提高生产技能人员培训工作的针对性和实效性，吴培涛认真谋划、拓展思路，切实从培训需求出发，在技能等级评价、职业资格能力提升、岗位能力提升、技能培训下基层等培训类型上推陈出新，创新推出旨在提升生产技能人员专项能力的“主题式技能培训”。培训重点以专业知识、新技术应用、技能研讨、特色专题等为主，提升参培人员的相关技术、技能，解决现场疑难杂症、突破技术难点、加强对新技术的理解应用。严格审核抄表核算收费、继电保护、输电线路运行与检修、变电站运维等 12 个技能专业培训方案，扎实开展各专业集中备课，安排兼职培训师现场试讲并广泛点评，力促通过培训提升生产技能人员技能水平，圆满完成公司 6 000 多名生产技能人员培训项目策划工作。

无论是在培训师、班组长的岗位上，还是在日常技术管理工作中，吴培涛每年都制定适合自己的安全培训计划，主持班组技术考问、讲解，设备异常分析，提出事故预想，组织反事故演习。他所带班组的绩效考核分一直位列第一。班长的岗位是兵头将尾，有操不完的心。他在生产中非常重视班组的基础管理，将图纸资料编号分类、有序收集，将设备缺陷、设备异常状况、事故及故障原因、检修作业情况、设备更改等技术工作逐一归档，使业务工作虽多不乱、井井有条。在培训师工作中，吴培涛将继电保护实训室每一面保护屏的设备都做了详细登记，并更新换代老化不适于培训的设备。

在 14 年的工作中，吴培涛无一次安全事故，始终勤奋好学，干一行、爱一行。时间虽然磨平了他的锐气，却没有磨灭他对工作的热情。面对诸多荣誉，他仍然坚守在自己的岗位上，以高度的责任心，脚踏实地干业务。

吴 双

奋发有为，求实创新

个人简介

吴双，1985 年 8 月出生，现任宁夏信通网络科技有限公司副总经理。2007 年毕业于北京邮电大学通信工程专业，曾任宁夏电力有限公司通信分公司和信息通信分公司客服专责、支撑系统专责、传输系统专责、通信管理专责。2012 年 8 月，任国网宁夏电力有限公司信息通信公司技术发展部副主任，后任信息通信调度监控中心副主任。2015 年 8 月，任国网宁夏电力有限公司信息通信调度监控中心主任。2018 年 2 月，任国网宁夏电力有限公司信息通信公司副总工程师兼技术发展部主任。2020 年 3 月至今，任宁夏信通网络科技有限公司副总经理。

工作收获

吴双实干为先，一是主动适应，积极融入岗位工作。刚参加工作，吴双积极适应身份转变，加强实操学习，强化专业锻炼，主动加班加点，以优秀的工作成绩提前半年转正，是国网宁夏电力有限公司信息通信公司唯一一名提前转正的员工。二是爱岗敬业，高效完成各项工作。参加工作以来，吴双先后在多个岗位和部门工作，每次岗位调整，均能第一时间投入岗位中，主动适应岗位调整带来的新要求、新变化，高质量完成各项工作任务，被评为西北电力系统通信专业先进工作者，多次获得通信公司、信通公司“先进工作者”等荣誉称号。三是锐意进取，持续强化自身学习。吴双牢固树立终身学习的理念，坚持学与职、学与思、学与用结合，在工作学习中，磨砺才干、锤炼本领，先后获得国网宁夏电力有限公司通信专业知识竞赛个人成绩二等奖、宁夏电力调度系统电力通信专业带头人、地市级优秀专家人才。四是甘于奉献，全力完成各项重点任务。吴双在工作中以“咬定青山不放松”的韧劲和攻城拔寨的拼劲，高标准、严要求，扎扎实实完成各项重点工作任务，先后获得国网宁夏电力有限公司“三集五大”体系建设先进个人等表彰。工作多年，始终牢记使命、责任，脚踏实地、锤炼本领，2011 年被评为国网宁夏电力有限公司 2011 年度青年岗位能手。

吴双勇于争先，一是在专业管理上争先。从事管理岗位后，吴双牢固树立精品意识和标杆意识，按照“严管理、提标准、强执行”的思路，不断提升专业管理水平。担任信息通信调度中心副主任、主任期间，组织编制的宁夏电力通信网年度运行方式，连续 4 年被评为国家电网有限公司优秀运行方式，信息系统年度运行方式连续 2 年被评为国家电网有限公司优秀运行方式，公司信息通信调度作为首批 12 家单位通过国家电网有限公司信息通信星级调度评价。结合岗位工作实际，撰写的管理成果，先后获得国网宁夏电力有限公司管理成果创新二等奖 3 项、三等奖 1 项。二是在能力提升上争先。工作中，吴双始终把个人能力提升作为重中之重，坚持在实践中检验自身、磨砺才干，用丰富的知识、过硬的本领，支撑指导各项工作顺利开展。专业技能水平受到广泛认可，作为专家，多次参与国网公司信息通信技能评价、资格考试出题工作，并担任国家电网有限公司信息通信竞赛、资格考试评委。2019 年，被国家电网有限公司聘为第五届青年创新创意大赛互联网技术专业线上评审评委。三是在理念坚定上争先。吴双不断加强自身政治理论学习，坚持用习近平新时代中国特色社会主义思想武装头脑、指导实践，不断树牢以人民为中心的工作理念，始终以做一名合格党员的标准要求自己，努力发挥党员先锋模范作用。2019 年，吴双被评为国家电网有限公司优秀共产党员。

下一阶段工作思路

一要夯实基础，全面提升本质安全水平。牢固树立安全生产“四个最”意识，严格落实“五个强化”要求，切实提升本质安全水平。一方面持续加强作业现场管控，组织优化完善作业标准，强化作业风险预控，针对各类作业风险，制定预控指导手册，加大现场督查力度及频次，确保现场有效管控。深入开展隐患排查治理，全面开展信息通信系统运行隐患排查，细化隐患档案库，完善隐患预控措施，实现“有患必挡、有患必控”。同时不断优化完善应急体系，剖析信息通信系统运行薄弱环节，有针对性地开展应急演练工作，通过演练，完善流程、提升能力，试点开展会议系统等重要信息通信系统实操应急演练。着力提升网络安全保障能力，以网络安全分析室建设为切入点，从制度建设、装备提升、人员培养等方面入手，打造满足能源互联网建设需求的全场景网络安全体系。

二要强化能力，全面提升支撑保障水平。不断学习，提高专业技术水平，主动服务，切实提升专业支撑保障能力。定期、定量、定目标开展新技术学习，形成学习的习惯。制定授课目标，定期为员工开展新技术授课，通过讲课，促进和检验自身学习成果，不断提升自身专业技术水平，支撑各项工作顺利开展。持续加强专业管理，结合数字化转型和能源互联网建设，给信息通信运行管理提出新要求，优化完善管理标准、流程，不断提升专业管理水平。同时探索开展信息运营服务团队建设，推进信通服务“一站服务、首问负责”，推动信息通信运维由面向基础设施和软硬件产品运维向面向业务及用户运维转变，提升用户体验，打造“心相通、信畅通”的服务品牌。

三要勇于攻坚，奋力提升科技创新水平。以“集中精锐打攻坚”的决心，加强新技术应用研究，不断提升核心竞争力和创新力。加强协同创新，不断拓展内外部合作，加强与公司各单位、高校及科研院所合作，探索开展跨领域、跨专业应用研究。完善科技人才培养，以信通工匠为平台，定期要求高精尖人才开展新技术交流，发挥带动示范作用，形成比学赶帮超的良好氛围。加大新技术应用研究，以加快“大云物移智联”技术在电网运行、企业管理、客户服务等方面的集成应用为目标，探索建立联合研究环境，协同开展关键技术应用研究，全力为电网高质量发展赋能。

徐为立

与时俱进，争做大国工匠

有这样一位大学生，毕业于电力黄埔——华北电力大学，却没有选择留在家乡，而是只身一人不远千里从河北来到宁夏；有这样一位青年，没有追逐喝茶水、看报纸的清闲，却要扎根基层，一干就是8年；有这样一位电网人，将变压器、断路器看作自己的亲人，以变电站为家，用自己的辛勤与汗水书写着青春美丽的诗篇。他就是中卫供电公司变电检修一班安全员徐为立，先后荣获国网宁夏电力有限公司劳动模范、中卫市劳动模范、国网宁夏电力有限公司技术能手、国网宁夏电力有限公司先进生产工作者、中卫供电公司先进生产工作者、中卫供电公司“一比三赛”先进个人等荣誉。

徐为立有一个梦想：成为一名电网“大工匠”。从现场作业的全程监督，到作业收尾后的安全复查，再到下一次任务的方案制定，只要是徐为立参与的工作，事无巨细，均能高标准、高质量完成。2008年8月，徐为立大学毕业后来到中卫公司工作，一开始便从事变电检修工作。从那时候起，他便热爱上了这份工作，时时处处虚心向老职工学习，向书本知识求教。2011年国庆前夕，他作为工作负责人，对迎水桥220 kV变电站2号主变进行试验时，发现主变存在铁芯多点接地的故障，这个故障将严重危及主变的安全运行。当时正值国庆、中秋双节，为了保障双节期间电网安全运行，他积极与专家沟通，寻求解决措施，最后凭借自己的技能和知识，带领班组成员连夜处理，通过“高压闪络”法，准确消除设备故障，他自己也积累了一次宝贵的现场经验。

守护光明是电力人的天职，为了这份恒久不变的职业操守，徐为立任劳任怨，不知多少次在饭桌上被叫走，在节假日里接到检修通知，在忙碌了一天的睡梦中被叫醒。不论酷暑严冬、刮风下雨，只要接到电话，他总会毫不犹豫地收拾工具，整装出发。

众所周知，运维检修不仅辛苦异常，而且是一项技术密集型工作，需要有扎实的专业功底。徐为立始终牢记，并以此激励自己毫不松懈。从帮师傅打下手开始，重活累活他抢着干，潜心揣摩动作要领，不懂就问，虚心请教。从现场回来，他又一头扎进班里学习专业书籍和现场安全规程，那本厚厚的《变电检修职业技能鉴定》他几乎能背下来。功夫不负有心人，2011 年，他初次担当工作负责人，多次独立完成大型变电站的安装、调试及验收工作。在理论上刻苦钻研，在实操上勤学苦练，经过几年的学习和锻炼，他掌握了非常全面的工作技能，现已成长为国网宁夏电力有限公司中卫供电公司生产技能专家人才。他可以准确判断设备故障并给出解决措施。凭着个人精湛的技术和团队密切的协作，徐为立与他的班组成员及时发现并准确处理了多个重大设备隐患，为电网安全、稳定运行和地方经济建设作出电力人应有的贡献。短短几年时间，徐为立在多项技能比武中荣获第一名，荣获 2013 年度“宁夏电力有限公司技术能手”称号，并多次被评为先进工作者。他用过硬的技术赢得了大家的尊重和赞许。

在 32 岁的徐为立心中，成就“大工匠”之梦，仅仅掌握业务技能是远远不够的，将业务做到顶尖、做到最好、做到第一，才是终极目标。徐为立清楚地记得，当时从华北电力大学毕业后，他就来到国网宁夏电力有限公司中卫供电公司当了一名电网检修工。刚参加工作的他谨记“以人为本、落实责任、确保安全生产”，尤其是“责任”两个字，深深地刻在了他心中。

2011 年，初次担当变电检修一班工作负责人的他，成为中卫供电公司 220 kV 关帝变电站全站 220 kV 设备更换工作分工作负责人。在近 17 天的设备改造工作中，始终任劳任怨、苦练技术，不懂的、不熟悉的积极与同事交流、探讨。遇到难题，虚心向老师傅请教，从修前准备到修中注意事项再到修后清场、验收工作，都做到井井有条、面面俱到，确保自己负责的工作没有丝毫纰漏，独立完成设备一次引流线的制作、接入、验收工作。他完成了从一名普通员工到一名合格负责人的跨越式提高，高度的责任心和认真的态度得到领导的一致好评。当该项检修工程圆满通过验收、顺利投运时，他褪去了青涩，逐渐走向成熟。最终，该项工程被评为 2011 年国网宁夏电力有限公司“十大精品工程”。

也就是从这儿开始，他意识到成为一名合格的工作负责人，不仅要练得一身好技术，而且要博学多识。正在此时，领导找他谈话，希望他能到变电检修二班学习开关方面的知识，他爽快地答应了。就这样，他由一名变压器检修工变成了一名开关检修工。到了新的岗位，面对新的同事，他虚心向上，不懂就问。他虚心地向每一位师傅请教开关的结构、原理、二次接线等知识。有时在现场干完计划工作后，他还要拉着师傅们站在开关机构前探讨问题，确认自己学到的知识是否正确、自己的处理方法是否得当。这样一坚持，就是2年。

2年时间里，他数十次在下班路上、晚饭桌前、睡梦中被抢修电话叫走，每次他都是毫不犹豫地穿上衣服，赶往抢修现场。2013年，国网宁夏电力有限公司举行变电检修技能比赛，部室领导一致认为他是参赛的不二人选。就这样，徐为立凭借自己扎实的理论基础和过硬的实操技术，获得“国网宁夏电力有限公司技术能手”荣誉称号。2014年，中卫供电公司举办变电检修技能比武，他又一次荣获个人与团体第一名的优异成绩。这也是他继2010年中卫供电公司技能比武荣获个人第一名后又一次摘到该项比赛的桂冠。徐为立在用实际行动诠释学习是进步的唯一途径，技术是一切工作的基础。

成就“大工匠”之梦，要敢于钻研、善于思考、勇于超越。电容器犹如电网的“充电宝”，其功能是确保输向千家万户的电压能时刻处在一个稳定值内。徐为立在工作中发现，目前中卫供电公司所辖的变电站内，利用呼吸孔呼吸的电容器往往会出现渗漏机油缺陷，严重影响设备运行，给电网安全稳定埋下隐患。徐为立经过认真研究分析后，大胆提出在原呼吸孔加装一个呼吸器。经过近2个多月的反复试验与验证，终于将设想变成了现实。这一小小创新，彻底解决了呼吸孔渗油问题。过去一年至少要对这种型号电容器呼吸孔渗油进行2次处理，如今除对设备定期检修外，无须就此问题单独进行检修，节省大量人力、物力。2013年，徐为立参加中卫公司隐患排查工作，在排查中发现大部分35 kV变压器的有载分接开关呼吸器都处在油枕侧边，距离变压器的带电引流线距离非常近，每当有呼吸器硅胶变色时，更换硅胶就变成了极其危险的工作，有时甚至为了换硅胶而将主变停运，严重影响电网的运行质量与效率。回到单位后，他和同事们抓紧时间商量解决对策，最终决定对该类型布置的呼吸器进行改造，彻底解决了原来更换硅胶需要主变停电的问题，也将该工作的危险系数大大降低。在检修工作中，没有专门拆卸安装断路器分合闸的工具，拆卸安装断路器分合闸极为费时、费力，而且存在安全隐患。徐为立反复琢磨、试验，终于制作出一个简单好用的拆卸安装工具：一根铁棒，在其侧边焊接一只耳朵，然后利用杠杆原理，让检修人员可以轻松拆卸弹簧，更换分、合闸线圈，使班组人员检修劳动强度大为减轻，工作效率大幅提高。除此之外，他的“SF_6密度继电器传动试验控制阀研制”荣获国网宁夏电力有限公司优秀“五小”成果评比二等奖，“VS1弹簧更换工具的研制”被评为国网宁夏电力有限公司员工创新十佳成果。

不仅如此，他还学习其他班组在标准化建设中的先进经验，回来跟班组成员探讨。正是他这种爱比较、爱思考的性格，让他的创新之树硕果累累。2012年优化试验班组的QC成果为全密封取样阀的研制，获得“海洋王杯”QC发布二等奖。他所在班组的QC成果曾2次荣获中卫供电公司一等奖、一次宁夏电力公司一等奖的殊荣。这些成果的发明与研制为变电设备的检修工作带来了便利，节省了检修成本，带来了经济效益。

2014年12月9日，中卫供电公司正式聘任徐为立为生产技能专家。2015 年 8 月，徐为立代表国网宁夏电力有限公司参加国家电网有限公司培训师大赛。2015 年 10 月，徐为立承担国网宁夏电力有限公司变电检修人员岗位能力提升培训。此时的他已经在思考如何培养班组成员，组成一个良好的团队，使他们在团队帮助中独立、负责地完成每一项工作；如何向不同专业的工作人员、新进员工传授专业知识，量身定制培训计划；如何编制有针对性的 PPT 课件，推荐一些专业性较强的书籍给大家看等。保证检修队伍的检修能力与检修质量是他当前考虑的新问题。

徐为立说，进步没有什么捷径可走，只有主动学习，向书本学习，向老师傅学习，向领导专家们学习。他时时刻刻进行总结，将每一天都当作新的起点，无论面对什么样的困难，无论遇到多么大的挑战，他都绝不退缩，决不放弃，努力将工作做到最好、最优。这就是徐为立平凡而又简单的检修生活，这就是徐为立电网“大工匠”之梦。前路虽坎坷，信心手中握，他会一直沿着自己的梦想之路走下去。

谢亚雷

高空中的电力医生

谢亚雷，中共党员，现任国网宁夏电力有限公司宁东供电公司灵州区供电公司安全监察保卫部主任。自2008年参加工作以来，一直奋战在基层一线，工作能力突出。曾被评为全国电力行业配电线路工（10 kV线路带电作业）职业技能竞赛中获得电力行业优秀技能选手、国家电网有限公司安全生产先进个人。凭借过硬的理论知识和精湛的实操技术，多次获得国网宁夏电力有限公司10 kV带电作业“技术能手”称号。他参与研发的小工具、小发明多次获得国家实用新型专利。

工作13年，谢亚雷在配网不停电作业带电领域取得了不菲的成绩：宁东公司带电作业从无到有，从简单的接引工作到带负荷更换主上断路器，宁东公司配网不停电作业飞速发展，顺应潮流的发展，为更好实现用户“零感知”停电打下坚实基础。

高压电，令人生畏。可在带电作业岗位上，国网宁夏电力有限公司宁东供电公司今年36岁的谢亚雷却时刻与电共舞，甚至零距离接触10 kV线路，每一处作业现场都有他的足迹。2012年，宁东供电公司做出“限电不拉闸”的承诺，当时输配电运检室成立了技术攻关小组，年仅27岁、敢闯敢干的谢亚雷临危受命。自此近一年的时间里，从作业装备到带电作业项目的演练，从实训场地到办公室，从绝缘杆作业法到斗臂车绝缘手套作业法，谢亚雷持续作战、始终如一。

10 kV线路杆塔导线设置紧密，带电作业操作空间小，作业人员需要直接对带电设备进行“零距离”操作，线路的电压是1万V。

"一旦发生意外，高压电导致的电击伤永不愈合，对人身的伤害不可挽回，会造成不可估量的后果。"谢亚雷说。

2014 年年底，在 10 kV 512 煤化线更换高供高计设备时，谢亚雷作业都内 1 号电工，操作至待更换设备处，吊车吊臂突然失灵，碰上了高压线，随着 2 声巨响，他眼前接连冒出 2 个大火球，若当时再近一点，他就可能被电击倒或烧伤。心理素质过硬的谢亚雷很快调整好情绪，对吊车重新调试定位后，再次登车作业。不仅如此，高压带电作业对身体素质要求极高。为了解决部分杆塔由于地形原因车辆无法进入的问题，谢亚雷身先士卒，摸索绝缘杆作业法接引工作，一遍一遍地演练，工作服上满是他的汗渍。终于，功夫不负有心人，经过一年的技术攻关，他和他的团队最终开创了宁东供电公司 10 kV 配网不停电作业的先河，从简单的绝缘杆接引到复杂的更换断路器，再到带电立撤电杆及带负荷更换柱上断路器工作，均驾轻就熟。一步步走来，宁东公司的不停电作业有了长足的进步。谢亚雷也因此获得"宁东公司 10 kV 不停电作业第一人""带电超人"的称号。

国网公司作为关系国家能源安全和国民经济命脉的骨干企业，先后向社会发布了疫情期间居民欠费不停电、全力助推企业复工复产、阶段性降低企业用电成本等 30 项举措。宁东公司以"不向困难退半步、只向胜利添精彩"的决心和劲头，全力确保与防疫相关的重要用户、老百姓不停电，全力保障复工复产用电需求。在这个特殊时期，谢亚雷和他的同事们在宁东镇坚守岗位，在寒冷的冬季，为医院、疫情防控点安全用电做好保障。他常说:“疫情防控一线的工作人员不容易,这么冷的天,24 小时日夜坚守。此刻,作为一名电力工作者,工作现场的安全用电就是我们的战场。”

疫情期间,为保证宁东地区 2 个隔离点、40 条防疫保障线路以及老百姓不间断供电,从春节到 5 月,他们连续作战,为了疫情防控及复工复产,完成带电作业 48 次,减少停电时间 900 多小时。记得 4 月 6 号那天,辖区内一条 10 kV 线路飞挡,随时都有跳闸的风险,这条线路是疫情防控点供电线路,电一刻也不能停,解决缺陷刻不容缓。相关部门第一时间给出了施工方案,需要停用 4 台变压器,虽然已将停电范围降至最小,但仍会有部分用户受到停电影响。谢亚雷当时就想,能不能一户都不停?他拿来图纸,仔细研究现有方案及周边线路运行情况,最终,结合现场实际,制定出一个更为完善的施工方案,在一个用户都不停电的情况下顺利完成缺陷处理工作。

他说,他所从事的带电作业是不折不扣的高危职业,不只是因为带电工作,更是因为电压等级高。有一次,一辆重型卡车刮碰到运行中的电杆,造成固定导线用的绑线绷断。断落地绑线对横担只有 3 cm 的距离,这个距离意味着什么?意味着在处理过程中,作业人员随时可能被短路所产生的巨大火球吞噬,缺陷的排除难度不亚于拆弹专家。最终,在谢亚雷的操作下险情排除,同事们都称他们是高压线上的“手术师”。

给高压线做手术需要精湛的技艺,更需要匠心。匠心就是精益求精、勇于创新，是不断追求极致与完美。工匠需要承载更多的责任与担当，谢亚雷对工匠精神的理解是6个字：承诺、坚守、传承。小小一度电，千家万盏灯，连接着所有人对美好生活的向往。电力人的承诺就是不负人民的信任，以自己的用心换群众的安心。坚守就是选择了这份职业，不管遇到什么艰难困苦，内心始终秉承着耐心、执着、坚持的精神。传承就是将从师傅那里学到的和在工作中自己悟到的敬业、精益、专注、创新的工匠精神不断传递下去，让匠心传承，工匠精神永驻。

谢亚雷说，经常听老百姓说多少年都没赶上停电了。保障百姓用电稳定，为他们的高质量生活做点实事，他的心里觉得很满足。

在服务党和国家的重大战略时，电力人以实际行动责任担当。这份信念，他从没有改变。他是一名产业工人，也是一名工匠，他始终以更高的标准严格要求自己，展现新时代电力人的新形象，为百姓传递光明、送去温暖，为镇区经济建设发展贡献力量。

吴旭涛

做推动电网技术进步的排头兵

个人简介

吴旭涛，1971年8月20日出生，江西省永新县人，中共党员，毕业于武汉水利电力大学，1995年7月进入宁夏电力试验研究所（现国网宁夏电力有限公司电力科学研究院）工作。教授级高级工程师，国务院特殊津贴获得者。2007年受聘为首批国家电网有限公司技术专家，2013年再次受聘，2015年受聘为首批国家电网有限公司检修专业领军人才。

他的研究方向涉及电力系统防污闪、电力系统过电压、电气绝缘、变压器、输电线路等多个领域。先后承担科研攻关近80项；获得各类科技奖70多项，其中省部级科技奖20项；获专利授权46项，其中授权发明专利17项；主持或参与编制技术标准24部，其中国家标准1部、电力行业标准8部；公开发表学术论文89篇，其中核心期刊论文41篇；正式出版专著8部。

吴旭涛取得了一批国际领先的科技成果，其中一些成果具有原创性，还有些成果填补了国际空白："直流±660 kV高压电气设备现场试验技术研究及试验装备开发"等项目成果，为宁夏通过电力大规模外送带动地方经济的跨越式发展，提供了坚强的技术保障。"新型电容器组过电压保护器研发及应用"等项目成果，显著降低了宁夏电网10～35 kV系统过电压事故率，极大地提高了配电网供电可靠性，有效保障广大电力用户的正常生产和生活。"油浸式变压器现场振荡型冲击耐压试验及局放测量技术研究”等项目成果，丰富了现场检测手段，有效提高设备状态诊断分析水平。“倒置式电流互感器故障机理及诊断技术”研究成果，丰富、完善了电流互感器现场检测体系，显著提高电流互感器绝缘状态诊断准确性，有效避免设备事故发生，其中 SF_6 电流互感器特高频带电检测技术达到了国际领先水平。“适用于电缆、架空及混联线路的快速开关型消弧消谐技术研究及装置研制”研究成果，能够有效减少投资成本，提高供电可靠性，保护人身安全。

近年来，围绕电网设备的非介式检测技术，吴旭涛开展变压器和 GIS 振动检测、GIS 温度检测、GIS 声学成像检测等设备状态非电量检测技术研究及应用。课题成果对于推动 GIS 设备状态非电量检测技术的现场应用，为基于非电量检测技术的状态评价、设备缺陷、故障分析诊断奠定了基础。他的主要研究课题包括基于振动信号的电力变压器绝缘老化带电检测技术、声学成像技术在 GIS 带电检测中的应用研究、GIS 中异常温升的温度分布特性及检测技术研究等。

工作经历

1995 年 7 月至 2007 年 9 月，先后担任宁夏电力科技教育工程院（原宁夏电力试验研究所）高压室过电压试验员、防污专责、变压器专责、绝缘专责、线路专责、过电压组长。

2007 年 9 月至 2009 年 12 月，先后担任宁夏电力科技教育工程院（后更名为国网宁夏电力有限公司电力科学研究院）生产技术部生产调度专责、副主任。

2010 年 1 月至 2010 年 9 月，担任国网宁夏电力有限公司电力科学研究院高压室主任。

2010 年 10 月至 2011 年 12 月，担任国网宁夏电力有限公司电力科学研究院计量室主任。

2011 年 12 月至 2012 年 6 月，担任国网宁夏电力有限公司电力科学研究院设备评价中心副总工程师。

2012 年 6 月至 2019 年 5 月，担任国网宁夏电力有限公司电力科学研究院副总工程师。

2019 年 5 月至今，担任国网宁夏电力有限公司电力科学研究院首席专家。

工作收获

2019 年 1 月，获得国务院政府特殊津贴。

2015 年 7 月，获得“国家电网有限公司检修专业领军人才”称号。

2013 年 12 月，获得“国家电网有限公司工程技术专家”称号。

2012 年 7 月，获得“宁夏国资委优秀共产党员”称号。

2010 年 7 月，获得“宁夏国资委优秀共产党员”称号。

2008 年 1 月，获得“国家电网有限公司劳动模范”称号。

2008 年 1 月，获得“国家电网有限公司工程技术专家”称号。

2008 年 1 月，获得“国网宁夏电力有限公司劳动模范”称号。

2007 年 1 月，获得“全国知识型职工先进个人”称号。

2004 年 12 月，获得“宁夏青年岗位能手”称号。

科研项目

2020 年，“高压开关特快速瞬态电磁场测量、防护和利用”获得宁夏回族自治区科技进步三等奖，排名第一。

2020 年，“交流和换流变压器缺陷放电产生机理、检测诊断技术及应用”获得上海市科技进步二等奖，排名第六。

2019 年，“倒置式电流互感器故障机理及诊断技术”获得国家电网有限公司科技进步三等奖，排名第一。

2019 年，“电力设备用 SF_6/N2 混合气体关键技术、装备研制及应用”获得中国电力科学技术进步奖三等奖，排名第四。

2019 年，“电力变压器振动检测与智能诊断关键技术及应用”获得国家电网有限公司科技进步三等奖，排名第四。

2019 年，“倒置式电流互感器故障机理及诊断技术”获得宁夏回族自治区科技进步二等奖，排名第一。

2018 年，“大型电力变压器运行可靠性提升关键技术研究及工程应用”获得中国电力科学技术进步奖二等奖，排名第七。

2018年，“DL/T1430–2015变电设备在线监测系统技术导则等7项标准”获得国家电网有限公司技术标准创新贡献奖二等奖，排名第九。

2018年，“电网设备带电检测装备校验技术、检验平台研制与推广应用”获得国家电网有限公司科技进步二等奖，排名第八。

2018年，“电网设备状态检测装置性能检测关键技术研究及应用”获得宁夏回族自治区科技进步三等奖，排名第一。

2018年，“大型电力变压器机械及电气缺陷的产生机理、检测与诊断技术”获得陕西省科技进步二等奖，排名第七。

2017年，“±800 kV高端换流变压器自主化研制及工程应用”获得国家电网有限公司科技进步特等奖，排名第四十四。

2016年，“电力变压器感应式振荡冲击耐压试验诊断技术研究及装置开发”获得国家电网有限公司科技进步二等奖，排名第一。

2016年，“六氟化硫气体密度微水检测方法应用及研究”获得宁夏回族自治区科技进步三等奖，排名第二。

2015年，“变压器绕组变形及铁心状态检测关键技术研究”获得宁夏回族自治区科技进步三等奖，排名第一。

2013年，“油浸式变压器现场振荡型冲击耐压试验及局放测量技术研究”获得宁夏回族自治区科技进步二等奖，排名第二。

2013年，“基于物联网输变配电在线监测技术研究及应用”获得宁夏回族自治区科技进步三等奖，排名第四。

2012年，“高压触电防护措施研究与应用”获得宁夏回族自治区科技进步二等奖，排名第五。

2010 年，“节能型电网限流装置研制与应用”获得宁夏回族自治区科技进步一等奖，排名第十。

2008 年，“并联补偿电容器组过电压保护器的研发”获得宁夏回族自治区科技进步三等奖，排名第二。

专业水平

2019 年 3 月 22 日，在《绝缘材料》上发表论文《GIS 温度场分布特性及影响因素的有限元仿真研究》。

2019 年 2 月 25 日，在《电磁避雷器》上发表论文《10 kV 配网混联线路故障分析及应对措施》。

2019 年 1 月 25 日，在《水电能源科学》上发表论文《基于模糊综合评判的防污闪涂层状态评估方法》。

2018 年 11 月，在中国电力出版社出版《GIS 设备状态非电量检测新技术》。

2018 年 11 月 16 日，在《高压电器》上发表论文《基于有限元分析的不同电压托及等级 GIS 隔离开关温度场仿真研究》。

2018 年 11 月 16 日，在《高压电器》上发表论文《750 kV GIS 设备振荡型冲击耐压试验及仿真研究》。

2018 年 9 月 1 日，在《涂料工业》上发表论文《基于不停电检测的 RTV 防污闪涂料运行状况的评估方法》。

2018 年 7 月 16 日，在《高压电器》上发表论文《温度及老化程度对变压器绝缘纸板复弹性模量的影响》。

2017 年 12 月，在中国电力出版社出版《电气设备振荡型冲击耐压试验技术》。

2017 年 11 月，在中国电力出版社出版《SF_6 电流互感器故障检测与诊断技术》。

尹相国

永做“继保精神”的践行者

尹相国，中共党员，2007 年 8 月参加工作，现任宁夏检修公司二次检修中心计划管理专责，具有丰富的一线实践经验。他常年奋战在生产一线，始终以高度的敬业精神、扎实的工作作风，大胆创新、埋头苦干，练就了一身过硬的设备调试和检修本领，从一个普通继电保护工成长为宁夏及西北电网的继电保护专家，为宁夏电网的安全、稳定运行作出突出贡献。

自参加工作以来，尹相国先后主持完成宁夏多个重要变电站继电保护及二次回路调试、验收投运等工作，参与基建、大修技改等工程的方案编制及组织实施，参与调试二次设备 385 台，提出并处理各类缺陷 2 856 条。顺利组织完成 4 座变电站的直流系统和二次交流电压改造工程，将站内交直流系统环网运行方式改为辐射式，降低了站内二次保护设备误动风险，极大地提高了站内设备健康运行水平。2016 年，顺利完成宁夏首座 ± 800 kV 特高压灵州换流站的验收投运工作，连续 5 年作为主要负责人参加 ± 660 kV 银川东综检，确保特高压换流站的安全稳定运行。他在工程现场总结出的整套高效率设备调试流程和方法，大幅度提高宁夏电网的综合自动化水平。

近年来，宁夏智能电网快速发展，他先后负责完成 3 座智能变电站二次设备验收工作。作为二次专业现场主要负责人，尹相国提前组织人员学习智能变电站相关知识、文件、规程、规范、二次反措，制定出一套完整的智能变电站二次设备验收方案，按电压等级、具体间隔编写继电保护现场标准化验收卡，在二次设备验收阶段，制定详细的验收工作进度表，要求二次设备验收责任到人，按照进度计划全面开展验收工作。并制定缺陷统计表，及时统计并消除缺陷。他克服验收调试工期短、技术难度大、验收环境差等困难，面对新技术在高电压等级智能变电站中的应用，不断探索、不停学习，查规范、究反措、摘要点，确保二次智能设备投运后健康、稳定运行。

他主持或参与编制电力行业技术标准 6 部，发表期刊论文 8 篇，出版著作 1 部。2016 年，他被聘为国家电网技术学院兼职培训师，先后授课 50 多次，参与研制的 8 项科技成果获得国家实用型专利证书，完成科技项目及群众创新 6 项，其中 2 项科技项目获宁夏电力公司科技进步二等奖。2018 年，他以教练身份，带领检修公司参赛队员在国网宁夏电力有限公司组织的继电保护工技能竞赛中取得个人第一、团队第一的优异成绩。他深入开展技术创新领域的研究，在现场技术管理、技术培训方面作出突出贡献。

在日常工作中，他始终严于律己，秉持严谨的工作态度和一丝不苟的工作作风。在技能水平方面，高标准要求自己，在实际工作中精益求精。2012 年，在宁夏全区继电保护工技能竞赛中荣获第一名，被授予“自治区技术标兵”“自治区技术能手”荣誉称号。2012 年 12 月，获自治区“五一”劳动奖章。2013 年 1 月，被评为国网宁夏电力有限公司先进生产工作者。2013 年 2 月，被评为 2012 年度国网宁夏电力有限公司检修公司先进生产工作者。2014 年，受聘为西北电网继电保护专家。2015 年，被聘为宁夏电网继电保护专家。2016 年和 2017 年，被评为检修公司优秀班组长。2016 年，被评为电力行业技术能手。2017 年，获“自治区塞上技能大师”称号。2018 年，被宁夏电力调度控制中心评为继电保护突出贡献个人。

作为一名普通的继电保护工人，尹相国刻苦钻研新技术、新工艺，以精湛的技术破解电网建设、运行中的难题，成为继电保护专业的“大拿”，苦学苦练，成为技术带头人。他立足工作岗位，不怕苦、不怕累，起早贪黑，废寝忘食，以高度的责任感和事业心，坚守着一方电力供应安全，以实际行动践行国家电网有限公司“诚信、责任、创新、奉献”的核心理念和“努力超越、追求卓越”的企业精神。

杨　扬

做电网建设事业的铺路石

杨扬，1983 年 1 月 29 日出生，大学本科学历，在职研究生学历。2004 年 7 月毕业于北京航空航天大学土木工程系，同年 8 月进入宁夏送变电工程公司工作，2009 年 3 月被任命为施工管理部主任工程师，2011 年 6 月加入中国共产党。

在宁夏送变电工程公司工作期间，恰逢宁夏电网建设高峰时期，他先后参与施工 2 项 220 kV 变电站工程、3 项 330 kV 变电站工程、2 项 750 kV 变电站工程、1 项 ±660 kV 直流换流站工程，参建工程均获得国家电网有限公司优质工程，其中甜水河 330 kV 变电站工程荣获“西夏杯”优质工程奖，银川东 750 kV 变电站工程荣获国家优质工程银奖和新中国成立 60 周年百项经典暨精品工程奖，±660 kV 银川东换流站工程荣获国家优质工程金奖。

2012 年，杨扬被调至宁夏天信建设发展有限责任公司，担任安全生产部副主任，负责工程施工、安全、质量、技术管理工作。2013 年 12 月，转岗至结算中心，担任副主任。

2014 年 10 月，杨扬被借调至国网宁夏电力有限公司经济技术研究院担任灵州—绍兴 ±800 kV 直流输电线路工程（宁夏段）业主项目部专责。2015 年 3 月，担任中卫热电厂送出工程、吴忠热电厂送出工程、矸石电厂—罗山环入灵州站线路工程的业主项目经理。侯桥—黄河 II 回 330 kV 线路工程被评为国网宁夏电力有限公司 2015 年安全管理流动红旗工地。2016 年 2 月，担任沙坡头—杞乡 750 kV 线路工程、贺兰山—黄河开断接入杞乡站 750 kV 线路工程业主项目经理，沙坡头—杞乡 750 kV 线路工程荣获国家电网有限公司“2017

年度示范业主项目部”称号。杨扬荣获国网宁夏电力有限公司重点工程建设“先进个人”称号。

2018 年 6 月，杨扬随经研院建管中心整体转入新成立的国网宁夏建设分公司，任职项目管理一部项目经理，担任银西高铁太阳山 330 kV 牵引站接入工程业主项目经理。工程于 2020 年 7 月 26 日顺利投运，为实现宁夏人民的高铁梦打下了坚实基础。银西高铁太阳山牵引站接入工程业主项目部也荣获国网宁夏电力有限公司“2019 年度先进班组”称号。2018 年 7 月，杨扬被任命为项目管理一部副主任，并担任灵州—青山 750 kV 线路工程业主项目经理。

从 2004 年参加工作至今，杨扬已围绕着塔银线奔波了 17 年，在这 5 000 多个日夜里，他见证了宁夏电网从 330 kV 到 750 kV 的跨越，也完成了从一个初出学校的毛头小子到电网建设专业人才的蜕变。

银西高铁太阳山 330 kV 牵引站接入工程作为银西高铁外部供电项目，将为银西高铁的联调联试、按期通车提供坚强电力保障。该项目是宁夏公司首个按照国网基建改革配套措施要求实行项目管理部管理模式的工程，也是国网宁夏建设分公司组建成立后承担建设管理职责的首个工程。作为项目经理，杨扬在接受任务的那一刻就确立了“干一个项目、树一个标杆、带一支队伍”的想法。

工欲善其事，必先利其器。制度措施只有自己学懂、弄通之后，才能有效执行。杨扬利用晚上的业余时间，自学基建改革配套措施，将管控重点与自身经验相结合，编制了《基建改革配套措施宣贯小册子》，对项目管理部人员进行夜校培训，利用月度例会对参建单位开展专题培训。在杨扬的努力和带动下，项目管理部人人懂措施，人人提建议，激发了大家撸起袖子比着干、抓落实的热情。2019 年，项目管理部人员驻守现场的平均时间在 270 天以上，项目管理部模式落地，“做实甲方现场工程项目管理”目标初步达成。

银西高铁太阳山 330 kV 牵引站接入工程项目管理部共有员工 17 人，其中党员 4 名，杨扬担任项目临时党支部书记。在国网宁夏建设分公司党委的支持和帮助下，依托该项目开展了“党建 + 项目监管区域领先目标实施”工程，针对线路工程作业点分散、每个点作业时间短的特点，杨扬确立了“党员随着高风险作业走、党员示范区随着党员走”的工作主基调。每天作业风险最高的现场，项目经理负责现场管控；现场环境最恶劣的作业点，临时党支部书记到场值守。通过杨扬的示范引领，“头雁”效应显著，项目安全质量管控力度明显加强，管理水平得到显著提升。

2019 年 7 月 24 日至 31 日，同时开展跨越带电 110 kV 坡惠 1 线（跨越 2 次）、110 kV 坡惠 1 线 T 接线、110 kV 侯唐线、110 kV 吴光二八线，跨越银西高速公路 5 处四级风险及跨越停电 110 kV 线路 8 次、220 kV 线路 2 次的跨越施工作业，给安全管控带来极大挑战。在杨扬的带领下，项目管理部党员和关键人员早上 6 点伴着朝阳出发，晚上 10 点踏着星光回项目部，坚守作业现场，紧盯关键点管控措施落实，尽忠职守。7 月 30 日，顺利完成全部风险作业，以实际行动彰显共产党员的先锋模范作用。

“不慎而始，而祸其终。”只有以铁面执行，才能换来制度落实得不变形、不走样。杨扬从项目管理部内控及施工项目部、作业班组控制 2 个方面入手，抓住项目关键人，管住作业关键点。通过每日工作计划梳理，保证项目管理部每日的巡视、旁站工作覆盖所有作业点。要求项目管理人员必须与作业班组同进同出，全程参与站班会、核查现场作业条件。核实施工项目部、作业班组关键人员到岗到位情况，对不满足到岗到位要求的作业点坚决不允许施工作业，在进度和安全产生冲突时无条件选择安全。

项目共新建基础 151 基，其中 70%为岩石地质，基础形式为岩石嵌固基础，属于受限空间作业，安全风险巨大。针对这一情况，杨扬带领项目管理部对作业点开展标准化、定制化管控，将空气监测仪、鼓风机、防毒面具、软梯、安全带的配置作为施工的先决条件。2 小时定时换班，作业前、换班时均执行先通风、后检测、再作业程序。人员在坑内作业时，坑口设专人监护，上下坑使用软梯。上述措施缺一不可，严格的管控带来了作业观念上的改变，也带来了安全形势的显著好转。2019 年 9 月 7 日安全优质完成全部岩石嵌固基础施工。

安全是电网建设永远的主题。杨扬带领项目管理部成员梳理安全风险因素后，将杜绝计划外作业作为落实安全责任的切入点。一方面制作安全责任清单胸卡，管理人员佩戴胸卡上岗，随时检查自己的安全责任是否落实到位；另一方面制定日管控计划制度，并刚性执行。每天工作结束后，由作业班组编制日管控计划，对今日完成情况和次日工作计划进行梳理，并上报施工项目部审核确认后，由施工项目部报至项目管理部。项目管理部现场管理员对工作完成情况及次日工作准备、人员到位、现场安全文明施工布置等进行核实，确实具备作业条件后，由项目管理部发布日管控计划。对于不在日管控计划中的作业量不予认可。通过日管控计划，压实工程参建各方关键人员的岗位职责和到岗履职，消除施工单位“以包代管”现象的存在空间，同时在项目建设中启用移动视频监控系统，现场作业监控实现无线化、远程化，实现“人”“机”“环境”和谐统一，安全生产步入了“可控、能控、在控”的良性轨道。

在杨扬和项目管理部全体成员以及参建单位的辛勤工作与努力下，2020 年 7 月 26 日，项目顺利竣工投运，为银西高铁的通车打下了坚实基础。

在兢兢业业工作的同时，杨扬不断充实自己，以更高的标准要求自己。2006 年 9 月取得二级注册建造师证书。2008 年 9 月取得注册安全工程师证书。2009 年考取华北电力大学电气工程专业的在职研究生，2013 年毕业，获得工程学研究生学历。在完成本职工作的同时，他积极进行技术总结，2010 年，“宁东—山东 ± 660 kV 输电线路示范工程关键技术研究”获国网宁夏电力有限公司科技进步一等奖。2011 年，“± 660 kV 直流输电示范性工程银川动换流站关键施工方法的研究及应用”获国网宁夏电力有限公司科技进步一等奖。2018 年，入选国网公司基建质量管理专家和国网宁夏电力有限公司基建安全管理专家。2018 年、2019 年，荣获国网宁夏建设分公司“优秀项目经理”“先进工作者”称号。2019 年，荣获国网宁夏电力有限公司“党员先锋岗”称号。

赵冠楠

勇于担当，守护万家灯火

赵冠楠，中共党员，1985 年 8 月出生，毕业于四川大学电气工程及其自动化专业，本科学历，高级工程师，继电保护专业高级技师，宁夏回族自治区技术标兵，国网宁夏电力有限公司优秀专家人才，宁夏电网第一届、第二届继电保护专家。

赵冠楠于 2008 年 8 月进入国网宁夏电力有限公司宁东供电公司，从事继电保护专业工作。在班组期间，他主要参与 330 kV 盐州变、蒋家南变新建工程、330 kV 徐家庄变扩建工程的调试验收；主要负责宁东公司调控一体化改造，330 kV 徐家庄变 330 kV 保护装置改造，临河电厂 330 kV 升压站验收，迈科铝业 330 kV 变电站验收，110 kV 盐池变、惠安堡变保护装置改造等重点工作。

2012 年 7 月，赵冠楠任宁东公司变电工区安全管理专责，其间仍旧从事继电保护专业工作。2012 年 11 月，他在宁夏全区继电保护工技能竞赛中获团体第二名、个人第四名的成绩，获“自治区技术标兵”称号；2013 年，作为负责人，实施 110 kV 永利变、任家庄变综自改造工程；2015 年 1 月起，兼任宁东公司二次专责，负责继电保护及厂站自动化专业管理工作，其间强化专业基础管理，组织开展多项隐患排查，主持实施二次专业技改、大修、专项成本项目 21 项，完成 4 条 110 kV 线路光差保护完善，提升宁东电网线路光差保护覆盖率。

2015 年 12 月，赵冠楠改任宁东公司运维检修部变电兼计划管理专责，主要负责变电专业管理、生产计划安排、基建、用户工程验收、事故处理及变电专业大修技改项目实施等工作。任职期间，主要完成以下工作：一是不断优化宁东电网结构，编写总体工作方案，居中指挥，完成 330 kV 甘露变 110 kV 配出工程，将 110 kV 兵沟变、黑山变、双庙变改接至 330 kV 甘露变，改变了原有一线带四站的串糖葫芦式供电方式；完成 35 kV 青山变、李家寨变主变增容改造，解决了局部地区供电卡脖子问题；二是强化变电专业管理，大力实施老旧设备治理，编制老旧设备滚动治理计划，累计更换、修缮老旧设备 200 多台。三是加强反措问题治理，推进变电站老旧交直流系统改造，实现了全部 38 座变电站直流系统馈线式供电方式。四是解决运维操作实际困难，配合国家电网有限公司同期线损系统部署，将宁东电网全部 6 座内桥式变电站改造为单母分段接线方式。五是负责变电专业项目实施，立足电网薄弱点及设备隐患，实施大修、技改、专项成本项目 80 多项。六是精心组织完成 110 kV 衡山、黄冈、唐庄、月泉、庆元，35 kV 麻乡变电站新建工程以，以及 110 kV 红石湾、新区、西团主变扩建工程验收投运工作，积极协调解决福州天宇主变试验不合格、平高开关柜拒动等重大质量问题，确保工程零缺陷投入运行。七是不断提升宁东电网智能运检水平，实现变电站视频监控全覆盖，完成宁东公司首台智能巡检机器人建设。八是助力员工技能提升，设计并主持宁东公司试验实训大厅的实用性改造工作，搭建现代化油气化验试验室、变电专业实训大厅、二次实训室、配电自动化实训间、电教室等功能模块，满足多专业多工种技能培训需求。

2020 年 4 月，赵冠楠任二次检修中心副主任，分管安全生产、大修技改项目、人员培训、直流系统及电能质量专业等相关工作。在安全管理方面，一是定期组织召开全员安全培训，重点讲解各类安全事故、违章通报以及安规、两票管理规定等安全规章制度，努力提升一线人员安全意识。二是狠抓现场安全管控，严格履行管理人员到岗到位制度，采取全过程监督方式，与检修人员同进出，保障检修现场每一个危险点全部可控、在控。截至 2020 年 10 月，赵冠楠已累计到岗到位 110 多次。三是完善安全管理体系，对照安全巡视巡查提纲，建立、完善各项安全管理制度，规范安全管理。

在人员培训方面，赵冠楠先是通过日常检修现场到岗到位观察员工现场表现，再通过创新技能考试，考察员工基本功掌握情况，全面掌握各员工的真实技术水平。根据个人实际情况不同，制订差别式培训方案：一是对于班长、副班长等技术水平较高的人员，重点进行反措等规程规范宣贯培训，为后续从事管理工作打下良好基础。二是对于工作 3~5 年人员重点以现场培训为主，日常工作安排中侧重缺陷消除、改扩建项目验收等工作，不断积累经验，提升工作能力。三是对于工作满 2 年的员工重点进行基本功训练，充分利用实训大厅开展故障排查、二次回路完善等针对性训练，帮助员工熟练掌握保护原理及二次回路，满足成为工作负责人的基本要求。

在项目管理方面，一是严格把控项目实施关键节点，督促项目管理人员及时完成报招、合同签订、入账等关键工作。二是积极协调设备生产厂家，克服疫情影响，及时供货。三是协调调度及营销部门，合理安排项目实施时间，利用扬水间歇期，顺利完成设备改造同时，未对用户用电造成影响。2020 年执行的大修技改项目已于 6 月全部完工，8 月全部审计定案，实施进度、资金完成率等指标在各项目单位中排名第一。

2015 年，赵冠楠取得继电保护专业高级技师资格。2018 年，取得高级工程师资格。参加工作以来，他先后获得宁夏回族自治区技术标兵、国网宁夏电力有限公司专家人才、宁夏电网继电保护专家、国网宁夏电力有限公司安全生产先进工作者、国网宁夏电力有限公司宁东供电公司先进生产工作者等荣誉。共发表期刊论文 7 篇，参与获得专利授权 10 多项。

作为公司专家，赵冠楠近年来主要做了以下几方面工作：一是负责重大故障分析工作。2010 年至今，几乎参与全部宁东公司重大故障处理、分析及报告编写工作。受省公司委托，参与多起宁东地区用户事故调查分析工作。二是积极参与电网基建、大修技改、用户工程可研、初设、接入方案及施工图纸的审核工作。负责多项复杂施工方案的编制工作。三是 2012 年以来，常年负责变电一、二次专业新进员工的入职培训、技能竞赛教练等工作。2014 年，作为教练带队参加国网宁夏电力有限公司继电保护专业对口练兵技能竞赛，获得团体第二名，一名选手获得个人二等奖。2019 年，作为教练之一，参加自治区变电运维技能竞赛，获得团体第三名，3 名选手获得个人二、三等奖。四是协助营销部门开展优质服务工作。为神华宁煤、宝丰集团、宝塔石化、泰和新材、永农生物等重要用户提供技术指导。五是积极开展建章立制工作。参与省公司主变非电量保护运行管理规定、变电站一键顺控实施方案、变电站辅助监控系统建设方案等技术规范的编制工作，作为审核组专家，参与宁夏电网继电保护实操题库编制工作。六是发挥专业融合优势，积极配合省公司、电科院开展科研项目落地工作，在 110 kV 盐池变完成零损耗深度限流电抗器试点安装，在 110 kV 西团变完成主变励磁涌流抑制装置试点安装调试工作。

在今后的工作中，赵冠楠将继续带领团队，重点做好以下几方面工作：一是不断加强新技术学习，努力提升个人技能素养。认真查找自身不足，本着缺什么、补什么的原则，加强智能电网、网络安全方面知识学习，尽快补齐短板。二是积极学习先进省份和兄弟单位好的管理思路，进一步加大新技术、新方法的推广使用力度，力争在保障日常工作抓实的同时，有所创新、有所突破。三是严字当头，严把安全不放松。深入开展安全生产专项整治 3 年行动计划，深入开展隐患排查、治理工作。全面落实各级人员安全生产责任，继续加大重点作业现场到岗到位力度，严格工作现场安全标准化作业管理。加强安全教育培训，重点加强安规和作业安全风险评估的培训和考核，不断提升作业人员安全意识和技能水平。四是全力做好人员技能培训，努力营造“比、学、赶、超”的学习氛围。一要进一步深化实训大厅应用，完成中调退役的 4 面 330 kV 保护装置屏柜安装，拓展培训内容；二要举办宁东公司继电保护比武活动，以赛促学；三要努力打造“流水线”式培训模式，结合生产实际，设定模块化训练科目，统一培训内容、统一培训效果评价标准，加快人员成长。

工作 13 年来，赵冠楠立足本职岗位，凭借着不怕吃苦的劲头、过硬的技术、极强的责任心，尽职地完成了各项工作任务，为广大青年电力工作者树立了良好的榜样。他用自己的行动谱写了一曲新时代青春之歌。

周晓梅

争做新时代的开拓者

周晓梅，2017 年毕业于长沙理工大学电气及自动化系电气工程及其自动化专业，同年 7 月就职于国网宁夏电力有限公司石嘴山供电公司，在变电检修中心仪表及油污化验专业工作至今。2019 年，周晓梅担任工作负责人。工作期间，多次负责班组 QC 成果的撰写和发布，担任石嘴山供电公司和变电检修中心的企业文化解说和活动主持工作。负责撰写的 QC 成果“平高充气设备接口安装工具的研制”获国家电网有限公司 QC 成果展示三等奖、宁夏电力行业 QC 成果展示一等奖、国网宁夏电力有限公司 QC 成果展示二等奖。参加国网宁夏电力有限公司石嘴山供电公司“不忘初心、牢记使命”主题演讲比赛，获一等奖；参加石嘴山市“振奋精神 兴市富民”主题演讲比赛，获二等奖。

2016 年，还是大三的周晓梅在一次校园招聘的宣传里接触到了国家电网有限公司，第一次了解到这个世界 500 强企业的企业文化，了解到国家电网有限公司为实现中国电力从无到有、从有到强作出的努力，了解到国家电网有限公司作为国企所背负的重大责任。从那时起，周晓梅心中就种下了一颗电力的种子，决心加入到这样一个光荣而又奋进的集体中来，为国家、为人民、为电力事业奋斗终身。

电网是国民经济和社会发展的重要公共基础设施，是电网企业服务社会、服务民生、连接千家万户的重要设施。中华人民共和国成立初期，我国电力基础十分薄弱。1998 年开始，国家电网公司先后实施了一、二期农网改造工程，城网改造工程，中西部农网完善工程，无电地区电力建设工程，农网改造升级工程。到“九五”末期，全国97%人口的用电问题得到解决，大电网覆盖了中国80%的农村地区，内陆经济发达的主要省份率先实现了户户通电。“全民通电”这个让世界惊叹的电力奇迹背后，是国家电网有限公司不计成本的决心和供电员工攻坚克难的不懈努力。国家要发展，人民要富裕，不能没有电，有电才有希望。国家电网有限公司作为央企、大国重器，只要国家有需要，人民有需要，再艰难也要通电！

在高原险峰，在深山老林，国家电网人冒着生命危险，克服重重困难，将电送到险峰、送到绝壁、送到云端，甚至把电送上了珠峰大本营。就这样，电网的毛细血管义无反顾地延伸到了祖国大地的各个角落。

义无反顾为人民服务的精神感染着周晓梅，她也义无反顾地投入电网建设事业中。2017年，周晓梅参加国家电网有限公司的招聘，通过网上申请、笔试、面试等层层选拔，终于如愿以偿，成为了一名光荣的国网人。坐着迎接新员工的大巴车，迎着贺兰山的微风，周晓梅满怀激动地来到了国网宁夏电力有限公司石嘴山供电公司。

“昨夜西风凋碧树。独上高楼，望尽天涯路。”刚进入公司的周晓梅风华正茂，充满热情，迫不及待想要投入电网建设中，迫不及待想要做出一番伟大的事业，然而伟大往往一开始都表现得极为平凡。

培训后，周晓梅被分配到变电检修中心，在电气试验专业进行了为期 3 个月的轮训。检修的工作并不像想象中那样高大上，没有点亮万家灯火的豪迈壮举，也没有指点江山的挥斥方遒，有的只是日复一日的拆线接线和埋头苦干。刚到试验班，老师傅们就不断强调安全，强调干活要时时留心、处处留意，切不能逞强。相比老员工，刚入职的年轻人拥有着更活跃的思维、更开放的心态、更新的知识。于是，在向班长申请并得到批准后，周晓梅投入 QC 成果的制作当中。

“为伊消得人憔悴，衣带渐宽终不悔。”刚刚接触 QC，周晓梅对一切知识都充满了好奇，就像一块干涸的海绵不断汲取任何可以触碰到的水分。在 QC 的活动过程中，需要很多不同专业的技能互相搭配，一个又一个的图表让人目不暇接，但是年轻人怎么可以认输？不会电路板的设计，向老师傅请教；不会磁吸装置的焊接，向厂家学习；不会成果报告的撰写，在网上查。通过几个月夜以继日的埋头奋战，周晓梅自学 QC 活动的基础理论知识，自学图表工具的使用方法，自学办公软件的基础知识，成果报告中所有的图纸均用自学的 CAD 软件绘制而成。终于，2017 年小组成果“缩短 GIS 设备超声波局部放电带电检测时间”在石嘴山供电公司 QC 成果发布会上获得一等奖的好成绩。这对于初次接触 QC 活动的周晓梅来说，无疑是一种鼓励。

接下来，周晓梅和小组成员代表石嘴山供电公司参加宁夏电力行业 QC 成果发布。在发布会的前一天，会务组突然接到消息，发布会主持人临时有事无法参加此次活动，公司的带队负责人询问她是否愿意试一试。从未担任过主持工作的周晓梅又紧张又忐忑。不同于排练好的 QC 发布，主持工作需要更加灵活、更加自如地表达。年轻人就是要有挑战自己的勇气，在一遍又一遍给自己加油鼓劲后，周晓梅战胜了恐惧，选择承担此项工作。发布会期间，除了准备主持词，周晓梅还要排练小组的成果发布，为了准备为期 5 天的发布会，周晓梅平均每天只休息 4 个小时。终于，功夫不负有心人，在主持活动圆满结束的同时，小组的成果也以总分第一的成绩获得了宁夏电力行业 QC 成果发布会一等奖。

此次发布会，增强了周晓梅的自信心，鼓舞了她创新的热情，也让她深刻认识到，创新来自对工作的深入理解。回到仪表和油务化验专业后，周晓梅积极投身到专业知识的学习当中，在现场跟随师傅学习一次设备的连接方式和检修方法，回到办公室查阅专业书籍，对现场学到的知识进行系统梳理，遇到不明白的地方再向老师傅请教。周晓梅在一次次的实践中寻找真知，在一次次的检修中总结经验。

“众里寻他千百度，蓦然回首，那人却在灯火阑珊处。”现场工作时，在对充气设备 SF_6 密度继电器的校验过程中，周晓梅发现平高厂家所生产的充气设备和其他厂家的充气设备校验方式不同。平高厂家所生产的充气设备接头尺寸更大并且没有螺纹，不能采用 SF_6 密度继电器通用校验接头，需要使用一个厂家专门配置的卡扣。但是这个卡扣在实际使用过程中，由于充气设备内部气体压力过大而很难安装。针对这个问题，周晓梅所在的 QC 小组开展了活动，终于使2019年的课题“平高充气设备接口安装工具的研制”获国家电网有限公司QC成果展示三等奖、宁夏电力行业QC成果展示一等奖、国网宁夏电力有限公司QC成果展示二等奖。除此之外，活动成果在电气试验专业、变电检修专业都得到了广泛应用，切实解决了平高充气设备接口安装难、校验难的问题。

“路漫漫其修远兮，吾将上下而求索。”随着现代科学技术和知识经济的发展，科技因素越来越成为企业参与市场竞争的核心，技术创新成为决定企业生死存亡的关键。尤其是中国加入WTO之后，企业将参与世界范围内的国际竞争。没有技术创新，总是步人后尘，我们将永远受制于人，甚至会被市场抛弃。因此，只有在危机和挑战到来之前未雨而绸缪，不断加强企业技术创新，才能使企业永远保持强劲的生机与活力。

创新的道路漫长而又曲折，但以周晓梅为代表的年轻人将百折不挠、不遗余力地追求和探索。新世纪的“后浪”们，必将踔厉风发、锐意进取，争做新时代的开拓者！

张耘溢

把职业高高举过头顶

张耘溢，国网宁夏电力有限公司检修公司变电检修中心检修专责。扎根生产一线 16 年来，岁月的积淀与磨砺造就了他在工作中敢于担当、尽职尽责的高尚品格，也赋予他蝉联变电检修技能竞赛魁首的荣誉，完成从一名普通员工到省部级技术能手的华丽蜕变。16 年不懈追求，使他一步步成长为开辟进取、努力创新的青年技术骨干。

大学毕业后，张耘溢进入宁东供电局变电检修班，正式成为一名电力检修工人。当时正值宁夏回族自治区一号工程宁东能源化工基地大建设、大发展的时期，检修任务异常繁重，用张耘溢自己的话说："踏进了这道门槛，才知道前方的路有多难，才知道肩头责任有多大!"大学时期学到的理论知识和现场实践完全是两回事，原理明白，可面对变压器、断路器、隔离开关该怎么调试组装及怎么排除故障却是一头雾水。初出茅庐的张耘溢没有退缩，在工作中积极请教老师傅，遇到不解的地方他就翻书、上网查资料，直到彻底弄懂为止。他积极参与每一次检修工作，深夜、节假日抢修更是第一时间冲在前。设备故障消除后，他及时总结分析，一点一滴积累经验。为了加深对设备结构、性能的认知，他搜集了 2 柜子各种专业书籍，用不同颜色的笔涂写得密密麻麻的工作笔记就有 30 多本。天道酬勤，入职一年半以后，他已经完全可以进行隔离开关、断路器、变压器等主设备的日常检修工作，在新员工中脱颖而出，率先成为工作负责人。2010 年初，张耘溢积极响应国家电网有限公司大检修体系建设的号召，作为技术骨干，选调进入检修公司，开始他职业生涯新的征程。

2012 年 10 月，宁夏第一条电力外送大动脉宁鲁线的首端 ±660 kV 银川东换流站一号主变出现大量乙炔。为了保障设备正常运行，需要将故障相移除，换成备用相运行，但当时作为宁夏首个 750 kV 变压器，光净重就有 396 t，检修公司不具备能承担这项工作的技术人才。公司领导讨论后决定，由设备厂家和送变电人员进行此项工作，并派技术人员全程跟踪学习。得知这一消息，张耘溢主动请缨，为了学到知识，他白天与送变电的师傅们同吃同干，晚上同归同宿，别人干的时候他跟着干，别人休息的时候他还拿着本子记：吊带、钢丝绳、钢轨、倒链、输油管等工器具的规格型号，液压系统、推进器、干燥空气发生器、真空泵、滤油机等设备的型号与厂家，以及之后的真空度、抽真空时间、注油速度、热油循环时间、温度等技术参数。诚恳的工作态度很快获得了送变电师傅的尊重，将检修工作的各个环节以及需要注意的问题、危险点毫不保留倾囊相授。正是基于前期扎实的学习，当 2013 年银川东变压器再次出现故障时，张耘溢带领班员们独立完成整个检修工作，成为宁夏检修公司首个可进行超高压变压器更换的技能人才。

“宝剑锋从磨砺出、梅花香自苦寒来。”经过多年的刻苦努力，2013 年、2014 年，张耘溢连续 2 年获得国网宁夏电力有限公司及宁夏回族自治区变电检修技能大赛第一名，并相继获得“检修公司技术能手”“国网宁夏电力有限公司技术能手”“中电联技术能手”“自治区技术能手”称号。

2015年11月，宁夏第二条电力外送大动脉宁绍线的首端，也是宁夏首座±800 kV特高压灵州换流站建成，验收工作成为当务之急。作为当时世界上最大的换流站，其规模、设备数量、技术水平要求在宁夏电力建设史上都是前所未有的。11月的大西北，风沙弥漫，寒风刺骨。在接到验收通知的第二天，作为一次设备验收总负责人的张耘溢带领班员进驻戈壁荒滩上的灵州站。在冬如冰窖、夏似蒸笼的彩板房里，他一待就是10个月。没有水源，他任自己蓬头垢面，省着喝瓶装水；夜里加班，他嚼干方便面充饥。在验收长达748 m的750 kVGIS设备时，他加班加点，对每台设备功能验证都在3遍以上。在验收多达28台的换流变压器设备时，他眼、耳、鼻、手同用，不遗漏一个死角，在整个验收过程中，他累计提出并处理工程缺陷9700多条，圆满完成验收任务。

全站8万多颗螺丝、12万个线芯、2 000多个引线接头投运近2年以来，未发生一处发热故障，未发现一条回路错误。截至目前，宁夏往山东青岛（660）和浙江绍兴（800）2条大动脉已累计外送电量超过3 400亿kW·h，相当于1.3亿t原煤实现就地转化。浙江地区10%、青岛地区90%的用电都是宁夏的电。对于这组数字，张耘溢内心充满感慨，在检修一线驻守了近15年，辗转奔波于宁夏全区各大换流站、变电站。这些年，他早习惯了把检修现场当成家，习惯了24小时待命，也习惯了风餐露宿、没日没夜的工作状态。“虽然环境艰苦，但是我们整个团队一直坚守在一线。这是电力人的使命，也是一个年轻党员不容推卸的职责。”

在检修公司管辖的34座330 kV及以上电压等级的变电站中，中卫迎水桥变电站投运于20世纪90年代，运行年限都已超过20年的1、2号主变压器均存在大量缺陷，严重影响设备的安全运行。2016年，公司计划对2台变压器进行更换。在前期勘察时，张耘溢通过现场检查并结合试验数据，经过仔细分析后发现，变压器的整体运行工况良好，缺陷都集中在附件上，便果断建议对变压器进行大修而无需进行整体更换。

建议得到公司采纳后，开始大修的准备工作，对老旧变压器大修的施工难度远远大于更换，担子全部压在施工负责人张耘溢的肩上。他统计缺陷，核实备件，对大修作业全过程进行反复推敲，不断细化方案。2016年10月，经过10个昼夜的苦战，张耘溢连续攻克螺丝锈蚀无法拆卸、调压开关调档疲软、油位计的浮球连杆断裂、主变本体注放油闸阀无法开启等一系列技术难题，大修工作顺利完成。2台老态龙钟的变压器焕然一新，花费20万元的施工成本，节省设备更换费用300多万元。

从事变电检修工作14年来，张耘溢带领班组先后进行各类技术革新29项，个人获得的国家实用新型专利21项，发表论文13篇。他设计抽真空辅助装置使一台真空机组可同时抽3台设备的真空，从而将抽真空速度提高3倍，单是沙湖变电站一个站，就节省施工费用30多万元。他发明的箱式设备温湿度监测控制器，取代运维人员以手触摸判断加热板是否损坏的危险方式。采用烟气传感器，填补了箱式设备发生火灾无任何预警措施的监测空白。创造性地对加热器的加热驱潮效果进行实时监测，使加热装置根据实际需要自动调节输出功率，极大地保障了站内箱式设备的安全可靠运行。分析断路器液压机构频繁打压的原因，发明抽真空注油装置，彻底杜绝在机构补油环节混入杂质和气体的可能性，大大提高了检修质量，使设备运行更加安全、可靠。

2018 年，张耘溢荣获全国五一劳动奖章。2019 年，再次获得“自治区道德模范”“全国向上向善好青年”荣誉称号。在电力检修这个工作岗位上，张耘溢已经成为了 80 后的学习榜样，敬业、乐业、爱岗、奉献。寒来暑往，无论炎炎夏日还是凛凛寒冬，他就像一部永不停歇的机器，转动、前进、再转动。16 年来，他在平凡的岗位上默默奉献着自己的青春和热血。他凭借坚持不懈地工作，诠释了一个普通电力检修人员对党的忠诚、对职业的热爱。他通过诚实、创造性的劳动，谱写出了一曲新时代的劳动者之歌。